《房地产渠道管理一本通》
《房地产渠道营销一本通》
姊妹篇

# 房地产渠道
# 创新拓客一本通

唐安蔚　李春明　著

中国建筑工业出版社

图书在版编目（CIP）数据

房地产渠道创新拓客一本通 / 唐安蔚，李春明著
. —北京：中国建筑工业出版社，2023.11
ISBN 978-7-112-29186-1

Ⅰ.①房… Ⅱ.①唐… ②李… Ⅲ.①房地产市场—市场营销学 Ⅳ.①F293.352

中国国家版本馆 CIP 数据核字（2023）第 180917 号

责任编辑：毕凤鸣
责任校对：赵　颖
校对整理：孙　莹

## 房地产渠道创新拓客一本通
唐安蔚　李春明　著

\*

中国建筑工业出版社出版、发行（北京海淀三里河路9号）
各地新华书店、建筑书店经销
华之逸品书装设计制版
北京君升印刷有限公司印刷

\*

开本：787毫米×960毫米　1/16　印张：16¼　字数：229千字
2024年1月第一版　2024年1月第一次印刷
定价：58.00 元
ISBN 978-7-112-29186-1
（41910）

**版权所有　翻印必究**
如有内容及印装质量问题，请联系本社读者服务中心退换
电话：(010)58337283　QQ：2885381756
（地址：北京海淀三里河路9号中国建筑工业出版社604室　邮政编码：100037）

# 前言

房地产渠道的现状是：
一群嗷嗷待哺的人在看着一群踏实苦干的人
质疑着、犹豫着、嘲笑着……
踏实苦干的人已经逐步找到了门路
嗷嗷待哺的人却在自怨自艾
甚至，妄想着客户唾手可得

这是我动笔写这本书时，脑海里冒出来的第一个感悟。

市场变了，变得更加严峻了；房地产格局变了，强者可能会变成弱者，但弱者很难成为强者；营销模式也变了，数字化获客成为主流和方向……

这些都不可怕！可怕的是，我们的渠道从业人员心态也变了——

优质项目锐减，获客难度骤升，大家变得浮躁；

数字化获客是方向，传统拓客还没有搞懂就贸然进军线上拓客，大家变得激进；

分销当道，自渠无效，业绩无果，企业裁员，很多人竟有了"躺平"心态。

每个时代，都有自己的长征路。走下去，柳暗花明；停下来，凶险仍在。如何走下去？

稳健地走已然不可能了，未来一定是踽踽前行，要想走得顺，唯有接受变革、拥抱变革甚至是尝试变革。

但是，变革不意味着冒进，对于房地产渠道而言，变革意味着内功的修炼，变革意味着通路的拓展，变革意味着专业的延展，而不是舍弃基础和传统。

没错，我说的正是传统拓客和数字化拓客的博弈问题。现在的地产人出现了两种极端的心理：要么彻底拥抱数字化舍弃传统拓客，要么坚守老阵地故步自封！

这两种心态都是极其错误的：第一，不是所有人都适合做数字化，因为每个人的专长不一样，每个公司的体制不一样，有时候与其强迫自己干不喜欢的事情反而适得其反；第二，数字化拓客的成本在逐年提升，大多数的时候新媒体整体成本要比圈层拓客高得多；第三，时代在变迁，当你有能力去做新媒体的时候，必须拥抱变化，尝试自我革命，因为抖音、小红书等新媒体的确是新时代下拓客的重要工具和阵地。

熟练地将新媒体平台纳入传统渠道，或者说运用数字化的力量赋能传统渠道，这就是"新渠道"！

我们不是在为新媒体摇旗呐喊，更不是在为传统渠道扼腕叹息，其实二者的本质是一样的，那就是服务！因为我们虽然接触客户的方式改变了，但是维护客户、促成交易的方式从未改变！

本书正是基于这样的思想，将传统渠道精细化进行抽丝剥茧的分析，重点对数字化拓客的基本技能进行解说。

新时代，呼唤新渠道人才；新形势，呼唤新营销手法！

谨以此书，与诸君共勉！

唐安蔚
2023年4月于苏州

# 目 录

## 001　第一部分
## 　　　精细化拓客篇

■　**第一章　渠道管理精细化** …………………………… 003
　　第一节　渠道团队组建精细化 ………………………… 004
　　第二节　渠道模式选择精细化 ………………………… 012
　　第三节　渠道制度建设精细化 ………………………… 016
　　第四节　拓客工具制作精细化 ………………………… 026

■　**第二章　拓客技巧精细化** …………………………… 031
　　第一节　海报派发精细化 ……………………………… 032
　　第二节　电话拓客精细化 ……………………………… 036
　　第三节　巡展拓客精细化 ……………………………… 038
　　第四节　老客户维护精细化 …………………………… 041
　　第五节　关键人发展精细化 …………………………… 046
　　第六节　乡镇拓客精细化 ……………………………… 050
　　第七节　夜间拓客精细化 ……………………………… 056
　　第八节　公寓产品拓客精细化 ………………………… 058
　　第九节　街铺产品拓客精细化 ………………………… 063
　　第十节　写字楼产品拓客精细化 ……………………… 066

### 第三章　大客户拓客精细化 ····· 069
第一节　大客户五大能力塑造 ····· 070
第二节　资源分类与管理精细化 ····· 074
第三节　圈层营销理念的塑造 ····· 077
第四节　企业团购精细化 ····· 081
第五节　顶级客户拓展精细化 ····· 084

## 087　第二部分
## 数字化拓客篇

### 第四章　抖音起号与人设打造 ····· 089
**基础技能** ····· 090
第一节　"暴力"起号vs按部就班 ····· 090
第二节　房地产短视频的类别与账号定位 ····· 094
第三节　抖音&小红书账号人设的打造 ····· 099
第四节　抖音封面及主页打理技巧 ····· 102
第五节　对标账号的选择与研究方法 ····· 106
**进阶技能** ····· 112
第一节　心法一：如何通过账号定位寻找到精准客群？ ····· 112
第二节　心法二：如何打造关系式矩阵实现账号互联、粉丝互通？ ····· 116
第三节　心法三：抖音账号如何打造获客型大字报？ ····· 119

### 第五章　账号选题及脚本的持续输出 ····· 123
**基础技能** ····· 124

| 第一节 | 房地产短视频文案创作思维构建 | 124 |
| 第二节 | 账号选题及爆款选题规划技巧 | 127 |
| 第三节 | 短视频标题及配文撰写技巧 | 136 |
| 第四节 | 获客型口播的脚本撰写技巧 | 143 |
| 第五节 | 三段式短视频脚本的撰写技巧 | 149 |

**进阶技能** ……………………………………………… 160

| 第一节 | 心法一：爆款选题的表达模型有哪些？ | 160 |
| 第二节 | 心法二：如何发挥探盘视频不同位置文案的最大效用？ | 164 |
| 第三节 | 心法三：如何运用标准化说辞创造出爆款短视频？ | 167 |

## 第六章　账号基础运营及团队运营 …………………… 173

| 第一节 | 地产新媒体运营岗的核心工作 | 174 |
| 第二节 | 抖音后台基础工具运用 | 180 |
| 第三节 | 房地产矩阵账号的搭建 | 183 |
| 第四节 | 抖加在快速起号中的投放策略 | 188 |
| 第五节 | 运营团队的薪酬体系及成长路径 | 190 |

## 第七章　直播间搭建及获客运营技巧 …………………… 197

**基础技能** ……………………………………………… 198

| 第一节 | 房产主播的基本认知 | 198 |
| 第二节 | 获客型直播间场景的搭建 | 202 |
| 第三节 | 直播间话术结构与话术解析 | 206 |
| 第四节 | 直播间的留人与互动技巧 | 212 |
| 第五节 | 直播间的留资技巧 | 216 |

第六节 直播间运营与数据复盘 ………………………… 220

**进阶技能** ……………………………………………………… 225

第一节 心法一：开发商如何组建高效直播团队？ ……… 225

第二节 心法二：直播间有哪些不为人知的营销套路？ …… 227

## 第八章 线上获客系统打造与成交闭环 ……………… 231

第一节 房企线上获客生态系统打造 …………………… 232

第二节 分销商的线上与线下成交闭环 ………………… 238

**后记** ……………………………………………………… 249

# 第一部分 精细化拓客篇

传统渠道永远不会消亡，只不过技术和表现形式在不断迭代。传统渠道的出路在哪里？我们注意到在"降本增效"大环境下，寻找到精准客户是渠道的第一要务，因此大客户拓客模式将成为常态，精细化的管理和执行成为深耕传统渠道的唯一方向！

# 第一章 渠道管理精细化

"渠道土壤"已经提出近十年了，我们做好渠道管理其实就是在培育优质的渠道土壤，一块好的渠道土壤无非囊括四大类：有信念感的渠道团队、适合企业/项目发展的渠道模式、严谨且灵活的渠道制度和高效的拓客工具。

## 第一节 渠道团队组建精细化

自房地产渠道营销成为体系化工程以来，团队建设一直是渠道建设中的难点和重点。自2013年始，以"恒大、碧桂园、融创"为榜样的销售导向性企业为行业输送了一大批优秀的渠道人才，形成了百花齐放的渠道组织形式。遗憾的是，多数公司依然没有建设成具有超强战斗力、特性鲜明的渠道战队。

笔者曾在《房地产渠道管理一本通》中提到，渠道人才应该具有三种特性：有资源、有韧性、有欲望。然而，时代在发展，形势在变化，行业在迭代，我们对渠道人才的要求变得多样，也要求更高。现如今，我们要注重"新渠道人才"的培养和发展。

何谓"新渠道人才"？笔者认为应该具备五大能力（图1-1）：

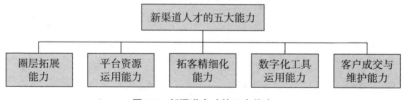

图1-1 新渠道人才的五大能力

### 1.圈层拓展能力

在"降本增效"大背景下，大兵团渠道团队已然成为历史，大多数项目的渠道人员不会超过十人，再者，中国大部分城市已经或者正在步入改善时代，我们更强调针对精准客户的拓展。而圈层营销是精准拓客的最佳方式，因此，无论时代如何更替，圈层拓展能力依然是渠道人员的首要能力。

**2. 平台资源运用能力**

我们常说：低阶渠道只能拓一个人，中阶渠道能拓一群人，而高阶渠道能拓到同一类人。而"同一类人"到底在哪里呢？在信息化时代，这些人一定在某个平台上。比如我们想找到精准的投资客户，那么一定要去找银行、证券公司、保险公司等平台；我们想找到某行政区域的所有工厂，一定要去找总工会和工商联；我们想找到富二代客群，最好根据他们的爱好找到超跑俱乐部……

**3. 拓客精细化能力**

目前所有传统拓客技巧都在升级，大家会发现一二线城市不再允许派单了，电话营销更是有了诸多限制，但这些不代表这些拓客方式失效了。虽然不允许派单，但可以做街头快闪，可以做事件营销；虽然不允许电话营销，但可以做微信运营……值得说明的是，没有无效的拓客动作，只有不精细、无根据的执行。

**4. 数字化工具运用能力**

几乎所有的传统渠道动作都有数字化的表现形式，这一观点我们将在本书后续详述。在数字化工具中，抖音、小红书、微博、视频号等新媒体的熟练运用则是2020年之后渠道人的必备技能。

**5. 客户成交与维护能力**

近年来，我们发现行业中"场内场外"的界线越来越模糊，置业顾问开始自拓客户，渠道人员也开始为成交负责；自媒体大V不再妄立人设，触及成交端；分销和中介更是将成交、客户再挖掘作为工作重心。

有了选人的标准之后，下一步我们需要制定渠道团队策略。

**1. 渠道文化的塑造**

聚人容易，聚心难！

几年前，我们还在主攻传统渠道的时候往往会发现：为什么同样的渠道模式，运用同样的拓客技巧，为什么换了一家公司之后，拓客效果会大打折扣呢？

有一位出身某十强房企的渠道高管一语道破天机：在"千人摇""万人摇"时代，渠道赋能作用减弱，但该单位依然没有优化任何一名渠道员工，因为他们深知传承与文化比什么都重要。

只有传承才能塑造文化，只有文化深入人心，渠道才能具有超高的战斗力。这也解决了一个困扰大家很久的问题：为什么同样的制度、同样的管理手段，但是换了一家公司之后就感觉突然失效了呢？

让我们再重温一下这家企业的渠道文化：使命般的激情、韧劲与担当、简单直接、卓越的团队精神、试错中成长、低调务实、高目标、适应变化、主动改革、与最努力的人共事……

在新时代，我们已经很少再听到"狼性文化"这个词，但是"自驱力"依然是渠道团队永恒的支撑点，也是能够取得良好业绩的核心。一直以来，渠道管理者苦于制度上的建设，但其实塑造能攻坚拔寨的渠道文化才是管理重点。

渠道文化建设包含四大要点且缺一不可（图1-2）：

1）深谙人性的激励

渠道属于营销体系的分支，既然与业绩相关，那么所有的激励制度一定是围绕人性展开的。任何一种脱离了激励的文化都是空洞且无效的，人性中的"懒""贪"都需要激励与之平衡。

图1-2　渠道文化建设的四大要点

2）牢不可破的信仰

我们到底是为什么而做渠道？这是管理者常常会思考的问题。纵然近年来渠道人员的入职门槛越来越高，但从整个行业来看依然是最低的，"与生俱来的卑微感"是渠道人的通病。这个时候管理者需要为大家找到"信仰"，这个信仰可以是具有人格魅力的老板，可以是渠道人积压内心深处的梦想，甚至可以是短期内可以达到的物质方面的目标，比如一辆不错的车或者一套位置不错的房子。

3）不吝褒奖的榜样

销售行业一直秉持的是"二八定律"，对于表现优异者我们肯定会不吝褒奖，但是同时要对某一个特定的事件也要予以及时宣讲。比如某一位渠道人员攻克了某个难进的圈层，或者为客户提供了暖心的服务，都可以成为我们的正面教材。

4）超出预期的支持

任何组织最忌讳的是内耗，渠道作为一支高效组织更是对内耗深恶痛绝。内耗就意味着精力的分散，意味着对组织的离心离德，因此，给渠道团队"减负"，营造"以业绩为导向"的氛围尤为重要。此外，我们还需要构建阶梯式的人才培养机制，为后进者提供技能、资源上的支持。

**2. 房企自建渠道团队的准则**

在新媒体和分销的冲击下，房企自渠团队收编严重，营销管理层对自渠的决策也越来越谨慎，在2020年之前，开发商遵循的是"货量总值+导客难度"双重原则去组建团队，然而，现在几乎所有的项目都在推行精准拓客，"人均效能"是团队组建的唯一衡量标准。

那么，如何提升渠道的人均效能呢？管理者需要从以下五个方面去权衡（图1-3）：

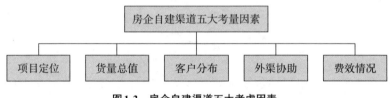

图1-3　房企自建渠道五大考虑因素

1）项目定位

项目的产品定位决定了渠道团队的人数和素质，简单地说，产品定位越高端，渠道人数越少，对渠道人员的要求就越高。

2）货量总值

我们在拟定渠道人数的时候一定会优先考虑当年的销售指标，销售指标越高，需要渠道承担的增量就越大，那么需要团队的人数就会越多。

3）客户分布

客户总体可以分为地缘性客户和外区域客户，如果地缘性客户比重大，那么拓客难度就越小，对应的渠道人数就越少。如果是文旅型项目，大部分客户是来自分销，房企成立的则是分销管理团队，而不是自拓团队。

4）外渠协助

如果项目所在的城市或者区域基本被分销所掌控，无论自渠如何发力也无济于事，此时开发商不宜成立自渠团队，而是成立大客户圈层拓客团队和分销管理团队。

此外，如果公司高层决心建立数字化拓客团队且有一定的成效，那么也可以适当减少传统自渠的团队比例。

5）费效情况

随着"降本增效"的逐步落地，自渠团队成为谨慎型发展组织，营销管理者需要首先统筹自渠与外渠的成交比例，然后动态调节自渠团队的能效。

### 3.房企大客户团队组建要领

大客户拓客是传统自渠中的高阶渠道，纵然在新媒体的强烈冲击下，大客户拓客依然是自渠体系中不可磨灭的一环。

其一，需要明确的是，大客户团队对"人"的要求大于一切，从颜值和气质上来说，一定是面容姣好、举止大方的；

其二，专业素质过硬，因接触人群基本均为多次置业，需要有深厚的房地产专业知识来进行有效沟通；

其三，有较高的情商，待人接物能力强；懂得变通，懂得察言观色；需有较高的谈判技巧及客户再挖掘能力；

其四，兴趣爱好广泛，需有较广泛的兴趣爱好，在与高端客群接触沟通时，能够通过非房地产方面信息的沟通交流，与客户拉近距离；

其五，大客户团队的来源可能是自带资源的非房地产专业人士，如保险、汽车、金融、医疗器械、酒类、高端教育培训类等。

### 4.房企新媒体团队组建要领

房企自建新媒体团队已经得到了业内的普遍共识，但是成功者却屈指可数，因为众多房企至少犯了三大错误：第一，为了降低变革风险，往往让项目先试行，但因缺少方法、工具和资源，大多胎死腹中；第二，占用了项目策划、渠道或销售人员太多的时间，尤其是在内容生产上创作难度大，导致项目怨声载道；第三，过分地强调新媒体的作用，全员投入精力，忽视传统渠道。

众所周知，无论是何种新媒体，只不过是渠道获客的工具而已，我们只是运用工具，而不是依赖工具，本着这样的总原则，我们给开发商提的建议是：

1）创建自上而下的管控体系

新媒体营销的发起人一定是集团管理层，而不是项目，集团的作用是提供"系统+方法"，区域公司的作用是"获客运营"管理，而项目则最强调的是"执行"，鼓励愿意且适合做新媒体的员工迎接变革，并且以最小化的精力去做这件事。

2）创建"内容中台"

新媒体的核心是内容，新媒体中"视频运营"和"直播运营"都需要大量的内容脚本作为支撑，为了减少团队的压力，开发商高层需要设置一个内容中台，提供内容生产、数据分析、脚本优化等服务，而区域公司则承担脚本分发、脚本拍摄、数据复盘等管理和服务工作。

3）成立"线索转化中心"

无论是从传统自渠获得来的客户，还是从安居客、房天下等公域流量获取的客户，抑或是抖音、小红书等视频和直播得来的客户，都将形成数据化资产，如何将这些数据进行有效处理，转化为来访客户进而成交，都需要强大的运营团队去管理和维护。

新媒体的组织架构因司而宜，本书不可能面面俱到，但我们可以从职能和功能上对开发商进行如下建议（图1-4）：

**5.分销及中介新媒体团队组建要领**

目前正是新媒体的风口，分销、中介和大V们在新媒体各个平台上活跃至极，而且很多人都取得了不错的业绩。

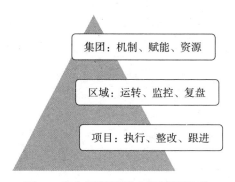

图1-4 房企新媒体团队各层级职能细化

在实际的运营过程中,我们发现,凡是没有获得成果的,反而是众多大V们,因为他们虽然获得了流量,但是缺少销售闭环;而分销和中介的朋友们弱点在流量端,成交端是他们的强项。所以,无论是什么公司或团队,要想做好新媒体获客一定要在团队设置端有两大环节:流量和转化。

1)流量端团队

直播/助播:负责出镜、宣讲,获取短视频端和直播间的客户留资。

文案:负责各类脚本的撰写,借助热点、干货等以专业的视角,创作符合短视频平台流量逻辑的脚本。

运营:负责各个账号的运营与管理,通过数据化工具掌控短视频和直播方向,校正后期脚本方向,同时还负责客资的分配。

技术:负责为线上团队提供拍摄与剪辑服务。

2)转化端团队

选房师:负责为客户提供专业的咨询和带看服务,为客户制定置业计划书,同时代表客户与开发商接洽,为客户争取更多的利益。

服务团队:针对有意向但未成交和已经成交的客户进行维护,提供超出预期的服务,促进"老带新"。

从分配的角度来说,公司需要留存该套房源总佣金的20%~30%,流量端团队占30%~40%,转化端团队占30%~40%。

自2020年以来，房地产渠道发生了巨大的变化，新渠道人才是时代的产物，因此我们需要秉承新媒体理念，更新传统自我观念，在降本增效的背景下，运用精细化拓客思维和新媒体工具，这样才能在新渠道、新营销的道路上越走越远！

## 第二节　渠道模式选择精细化

在传统渠道中，渠道模式大致可以分为三类：销拓一体、销拓分离和兼职模式。这三种模式在过往的十年里在房企内部发挥着至关重要的作用，并且依然活跃在房地产市场中。这三种模式没有孰优孰劣之分，只有运用是否合适之别（表1-1）。

三类房地产渠道模式的优缺点　　　　　　　表1-1

| 渠道模式 | 优点 | 缺点 |
| --- | --- | --- |
| 销拓一体 | 人员机动性强、更加团结、更容易激励 | 容易发生挂单现象 |
| 销拓分离 | 分工清晰，强调专业深度 | 管理难度大 |
| 兼职模式 | 费效低，按效果调整规模 | 无法形成渠道文化，很难有爆破效果 |

一般来说，销拓一体比较适用于渠道人才奇缺的项目或城市，尤其是一些三四线城市，营销人才比较难招，这个时候需要将渠道和销售进行组合，形成一个销拓小组。销拓分离适用于大部分项目，此种模式极其考验渠道管理者的管理水平，特别是在来访客户的甄别上要有完善的制度，避免产生内场和外场的矛盾。

那么，管理者从哪些维度来思考采用何种渠道模式呢？我们建议从如下五个方面进行考量（图1-5）：

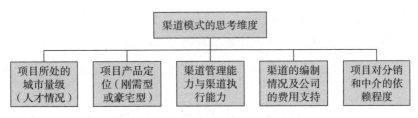

图1-5 渠道模式的思考维度

城市量级越低,越适合采用销拓一体;项目产品定位越高端,越适用于销拓一体;如果渠道管理能力较弱,团队的执行能力偏弱,可以考虑采用销拓一体。销拓一体模式下,一般会采取费用"包干制",管理者基本默认所有的房子皆来自于中介,所以销拓一体营销费用会更高;如果项目对分销和中介的依赖程度较高,不建议再采用销拓一体模式。

时代在不断发展,渠道也在不断精进,首先,渠道开始朝"高精尖"方向发展,对圈层拓客能力要求更高了;其次,渠道开始有了数字化的赋能。无论是上述的何种渠道模式,只能是一个最基础的渠道框架,新时代赋予了这些渠道模式更多、更加细分的内容。

根据近年来的实际操盘经验,笔者认为在渠道模式下还可以进行如下细分(图1-6):

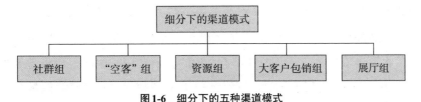

图1-6 细分下的五种渠道模式

### 1. 社群组

很多地产人一直都在思考一个问题:社群营销到底能不能运用在非文旅项目上?

我们的答案是:能。但这一定是简版的社群营销,可以认定为一种渠道获客的手段，而不是类似于阿那亚那种系统的社群营销。

简版的社群营销归根结底是圈层营销，不同的是，运用微信群为运营工具，不断渗透圈层、不断传播裂变，从而建立起同城大量长久有黏性的私域资源。

以义乌的融创一号院为例，渠道部设置了社群组三人，在短短一年之内举办了两次千人规模的企业家峰会，并且组织了一百多场线下社群活动。值得称颂的是，这些活动费用几乎为零，因为企业家峰会是找到赞助商的，线下社群活动大多是会员交费参与的，大大地节省了营销费用。一个小小的社群组，组建了线上社群500多个，覆盖人群逾2万人，影响力之大令人惊诧！

### 2."空客"组

我们把搭建数字化的获客体系形象地称为"空客"，"空客"组一共需要做好三件事：第一，利用互联网技术精准推广，提升网络投放效果；第二，搭建短视频和直播获客体系；第三，做好客户服务和跟踪，最终拿到客资。

很多房企已经意识到数字化获客的重要性，但是因缺乏体系化的工具和制度，导致很多工作浮于表面。当然也有一些房企在实际工作中获得了不错的效果，如万达地产在2022年下半年组建了一支直播团队，跑通了企业蓝V的自播和员工的个人直播，半年内整个集团直播的业绩达1174套，单月最高业绩是280套，为集团节省了大量的营销费用；南方万科也曾组建过空客团队，2020年投流约8000万元，但带来了超过100亿元的销量，主攻的就是全域投流与数字化获客。

### 3. 资源组

资源组的工作核心就是两个字：整合。

房企资源组就是链接该城市所有高端商家资源和高端人脉，通过资源的链接和导入让案场爆满,从而达到高端客户的海量导入,唯一的缺点是需要公司的品牌赋能和资金支持。

如融创的苏州城市公司,几乎每一个项目都组建了一支资源组,全年举办了上千场活动,成交业绩占比超过两成,并带来了大量的项目传播曝光和品牌渗透。在任何项目首开之前,资源组能快速调集全城的资源库进行爆破,如苏州融创一号院开盘之前的"亚洲之夜"活动,短期内竟然汇集了长三角三千多名圈层名流,这便是资源组长期沉淀的结果。

### 4. 大客户包销组

我们在操盘时经常会遇到两种难点,一种是尾盘,公司不会花费过多的精力在最后的几十套房子上;另一种是长期库存的产品,降价销售会影响利润率。

遇到以上问题时,我们第一时间会考虑到找第三方公司包销,有的项目不仅要调动全市的包销资源,甚至会动用全国的包销资源。然而,就算包销出去,折扣会降得非常低,严重影响项目利润。于是,大客户包销组就会发挥功效。因为传统的想法是找到房地产业内的包销公司,但我们要知道,很多地产外的大客户购买力可能会更大。比如杭州融创就曾经面临大量的住宅和商铺的尾盘无法去化,大客户包销组会针对海外华侨、老业主等进行定向推介,向公司申请关键人推荐奖励机制,让关键人去推动资源的整合从而完成交易。

### 5. 展厅组

运用展厅组的项目比较少,一般具有这三个特点:第一,项目的体量足够大,大到地缘客户和城市内客户不足以满足业绩的需求;第二,需要强有力的、人数众多的渠道团队;第三,项目一定要具有很强的投资属性。

青岛融创中心这个项目是典型的超级大盘,总建筑面积达到百万平方米，因项目总价低引起了很多投资客的关注，为此，营销管理层在青岛的周边城市分别打造了展厅，如2018年组建了昌邑、东营和寿光三支展厅团队，在2019年又组建了淄博和临沂团队，异地销售业绩总额竟然达到惊人的30亿元，远远超过分销公司，这一模式的成功运用为很多远郊项目树立了一个新型的渠道模型。

我们常说：没有完美的模式，更没有完美的制度。

作为新型渠道管理者，我们不能再受制于研究模型的好坏，而是要懂得根据不同的项目、不同的客群制定出更为合适的渠道模式。以前粗放的渠道会慢慢收缩，而细分渠道因为功能性反而会凸显其价值，把传统的渠道模式精细化，把人的效能发挥到最大，方能符合渠道发展的趋势。

## 第三节　渠道制度建设精细化

渠道的制度建设是营销管理的核心，其难度远超过案场管理。尽管房地产渠道已经走过了近10年的道路，但很多管理者依然对渠道的制度建设处于懵懂状态。

大型房企自建渠道方法论一共分为八大模块，分别是渠道土壤培育、灵活且严谨的渠道制度建设、健全的外部渠道激励体系、城市公司层面的渠道整合体系、强有力且持续性的人才培养体系、企业销售文化的锻造、策+销+渠跨领域的支持与协作以及项目精细化渠道拓客思维的构建。

然而，并非所有的房企都能按照以上模块去建设，其中"灵活且严谨的渠道制度建设"和"健全的外部渠道激励体系"尤为重要，这两个模块决定了内部渠道和外部渠道的执行力，直接体现在具体的业绩上。本节我们将重点讲述这两个模块。

## 1. 房企内部自渠管理制度

内部自渠管理制度旨在规范自渠团队的拓客行为和职业操守，让大家在相对公平、有竞争、有秩序的氛围中顺畅地开展工作。

自渠管理制度可以细分为八类制度（图1-7）：

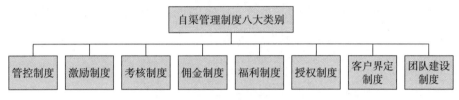

图1-7　自渠管理制度的八大类别

1）管控制度

该制度属于渠道的基本制度，主要是用于规范渠道人员的基本行为和标准化的日常管理动作，还包括各类渠道数据的汇总和管理路径。

2）激励制度

激励制度主要包括对超额来访、超额认购、完成圈层活动、员工晋升、阶段性的个人奖、团队奖、兑现时间与方式等进行约定。

3）考核制度

考核制度主要包括对实际来访、实际销售、实际完成圈层活动、实际完成关键人发展等进行约定，并且要对总监级、经理级和执行层进行分级考核。

4）佣金制度

房地产行业中客户来访的途径有：自然来访、老带新、中介带访、全民经纪人（含竞品转介）、渠道自拓、策划带访、新媒体来访等七种之多，我们需要明确各类来访途径的渠道佣金和销售员佣金。在制定佣金制度的时候还需要着重考虑一个问题：避免"内转外"。

5）福利制度

福利制度是构建渠道文化的重要环节，上文提到渠道人员本身就有一种卑微感，健全的福利制度能够增强渠道部的忠诚度和向心力。

福利分为两大部分：行政类福利和日常类福利。行政类福利包括工装福利、团建福利、学习福利、购房优惠福利、交通补助福利和编制福利；日常类福利包括节假日慰问福利和类似于高温费、取暖费等特殊性福利。

6）授权制度

渠道部的工作讲究灵活、高效，适宜的授权制度会极大地提升渠道人员的执行力。渠道部授权的方向有六类（图1-8）：

图1-8　渠道授权管理的六个类别

人事类指的是招聘、调薪/晋升、调岗、降职、请假等状况发生时的审批权限和路径；费用支出类指的是阶段性奖励、经济性处罚、业务招待等情况下的审批权限和汇报路径；拓客类指的是圈层活动组织、拓客用车调配、拓客礼品领用等方面的支持；考核类则指的是每个职级的最终考核权限；指标类指的是周度指标、月度指标、年度指标的提出和审批；费用编制类包括月度渠道费用的编排与使用、分销单位的引进权限等。

7）客户界定制度

客户界定是渠道管理和案场管理的难点和重点，好的界定制度可以大大避免团队内耗，该制度分为四大模块（图1-9）：

8）团队建设制度

团队建设制度包括团队的六类培训，包括专业类培训、新员工入职培训、基础类培训、策略类培训、拓客技巧类培训和管理类培训，还包括人才选用标准、团队文化建设、内部分享机制等。

| 自建渠道的判定 | 中介客户的判定 | 风控与申诉通道 | 渠道销售的监督机制 |
|---|---|---|---|
| • 客户保护期<br>• 争议判定依据<br>• 渠道老带新界定<br>• 云行销报备<br>• 到访有效性<br>• 成交时效性<br>• 老带新问题冲突处理<br>• 直系亲属客户界定 | • 报备流程/到访时效性<br>• 客户到访有问<br>• 带看客户登记/成交时效性<br>• 案场客户冲突管理<br>• 老带新问题冲突处理<br>• 成交客户确认周期<br>• 直系亲属客户界定<br>• 合作结束客户归属周期 | • 渠道风控（红线类、接待流程）<br>• 置业顾问接待问题处理及投诉流程（评D客户的处理、投诉流程）<br>• 客户冲突申诉（假中介、假老带新的处理） | • 轮排制度<br>• 渠道报备客户未回访处理<br>• 渠道邀约客户未回访处理<br>• 渠道到访而未成交客户处理 |

图1-9 客户界定管理的四大模块

**2. 房企外部渠道管理制度**

房企外部渠道有三支"团队"：全民营销（含老带新）、分销与中介和圈层关键人，很多公司会将关键人纳入全民营销的序列。我们将圈层关键人单独列出来，是因为有时候我们进入某个组织或圈层进行团购时，转介费用会比全民营销略高。

基于以上的分类，我们在制度建设方面可以细分为五种（图1-10）：

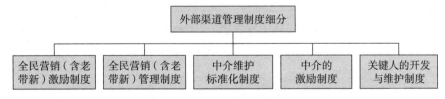

图1-10 外部渠道的五种管理制度

我们可以归纳总结一下，以上五种制度可以提炼为"管理维度"和"激励维度"两个方面。

首先我们知道，外部渠道的管理难度比内部渠道要难得多，与其说是"管理"不如说是"维护"，我们要想尽一切办法运用公司和个人的资源与对方达成各种合作，双赢远远比高额的转介费要有效得多。除此之外，我们还需要在情感层面多与外部渠道接触，让对方感知公司品牌和个人魅力；对于一些高端客户，营造被尊重感是维护工作的核心，比如总经理每月一次的私宴、家人关怀计划等。

**3. 渠道管理工具**

渠道的管理工具一共分为三大类：拓客地图与竞品成交地图、各拓客工作的标准化流程，最后就是各类管理表单。

拓客地图的绘制问题笔者在《房地产渠道管理一本通》和《房地产渠道营销一本通》中已经做了翔实的介绍，本书不再赘述。

各拓客工作的标准化流程主要目的是让新进员工快速融入企业文化和做事风格，相当于是做任何拓客工作的指导手册。有某家房企施行的"渠道专员的一天"和"渠道经理的一天"非常受用，在这里向大家介绍一下：

### 渠道专员的一天

1. 晨会（明确今天拓客点位、今日来访指标、成交指标、需要领取的物料）；

2. 晨会后与销售核对今日复访客户情况，约访客户再次确定来访时间，根据拓客点位情况进行领取物料（单页、小礼品等），单页及宣传物料进行盖私章或姓名贴处理；

3. 项目全员群进行拍照，报备出发拓客地点和点位渠道人员姓名，到点位后进行拓客动作拍照并把行动方案作文字描述；

4. 拓客执行点位转移或结束要进行报备成果（留电数和带访数据），转移点位进行拍照及文字描述报备（转移点位及文字描述拓客动作）；

5. 确保有询问客户每天每人不少于10组（当月成交指标达成可以不进行考核）；

6.每天线上线下要有获客动作(安居客新房端口、二手房端口、房地产微信评论、经纪人微信群发送微信笔记、朋友圈发送飞机稿,一渠一码进行获客扫码、抖音视频更新视频、爆店码等形式);

7.线下关键人维系(针对竞品关键人、中介经纪人、分销经纪人、种子客户进行维系;通过微信及上门形式拜访,释放项目物料及项目最新信息,加大转介力度);

8.拓客过程遇到问题及时反馈;

9.每天四个时段在全员群里进行数据汇报(12点、15点、18点、21点);

10.将预计来访客户在全员群里进行客户报备,拓客照片或联系记录与客户电话的"前三后四"进行报备;

11.每天对留电客户梳理未来访原因,来访客户梳理未复访原因,复访客户未成交原因进行晚会汇报;

12.来访及复访客户接待完毕后与销售第一时间沟通客户情况(主要评判客户意向程度、抗性、下次预计来访时间及未成交原因);

13.晚会(汇报今日成果:留电、来访、复访、意向客户情况、大客户及线下经纪人跟进情况,提出工作问题改进措施与所需支持);

14.晚报需要发送今日拓客内容成果、来访客户情况和明日工作计划。

周度:渠道专员自我根据业绩排名总结偏差原因、分析自己拓客通路的占比及转化情况,反思工作过程问题及需要加强的地方,根据产出提出下周工作想法并提出合理需求;

月度:总结本月工作成果的得与失,根据执行通路能效进行反思,对于产出较高的渠道通路进行提效加强;根据现有渠道物料及渠道道具提出合理需求建议;次月工作计划根据项目节点和现有资源进行反馈合理建议。

## 渠道经理的一天

1.早会（物料、点位、指标、口号）；

2.数据管理群（目标）；

3.项目群或项目渠道群（分四时段监控工作地点，关注新访、复访、成交目标、基础考核目标、朋友圈新增微信群等细项工作）；

4.重点资源跟进，针对既定指标制定邀约说辞（建立常规问题说辞及对抗说辞）；

5.分时段报数（数据管理群，观察每个获客通路进度，找到未达标原因并提供帮助）；

6.成交（喜报发渠道全员群，分享获客通路和心得；关注获客地图）；

7.盘点物料使用情况出入库（每天早会进行物料盘点）；

8.针对新访、复访客户与案场实时对接掌握客户的具体情况；

9.分配线上客户，针对离职员工遗留客户和过了保护期的客户进行再分配；

10.前往各个拓客点位复盘目标区域广告植入情况，铺排拓客情况和收客情况；

11.晚会（复盘一天目标达成情况、未达成原因、新增客户的到访时间、通路获客变化原因、成交线索、统一思想）；

12.晚会后要根据制度给予奖罚，对未完成人员进行约谈；

13.晚报发送渠道数据管理群。

周度：每周一上午主持周例会（竞品动态、分析对照表、入离职情况、客户转化率、物料盘点、周度拓客计划、周度总目标、一周专员数据分析等）；

月度：每月1日更新上月成交客户地图，针对客户集中的工作地组织企业宣讲，针对客户集中的居住地组织社区巡展，针对资源方进行深入洽谈；同时制定月度奖罚制度和月度拓客策略。

下面我们再说一下各类管理表单的运用（表1-2）：

自建渠道管理表单汇总　　　　　　　　　　表1-2

| 工具类别 | 每日渠道管理表单 | 每周渠道管理表单 | 每月渠道管理表单 |
|---|---|---|---|
| 表单名称 | 电call效果管控表<br>渠道来访客户台账<br>渠道晚会记录<br>渠道早会记录<br>渠道专员认购排名<br>渠道管理日报<br>渠道实时点位数据表<br>"项目-竞品"跑分表<br>新增客户排名表<br>新增意向客户盘点表 | 团队周度数据分析<br>渠道各通路转化比统计表<br>各项目渠道人员情况<br>成交客户分析报告<br>周度工作铺排表<br>项目各渠道通路物料盘点<br>渠道工作每周复盘报告 | 项目自渠工作月报<br>月度签约进度表<br>月度新访、复访进度表<br>项目渠道团队奖惩方案<br>未开单员工分析整改表 |

### 4.新媒体团队管理制度

新媒体团队的考核因素非常多，如果从媒体传播角度去看，考核的主要是阅读量、评论量、转发量、增粉量等；如果单纯从渠道获客角度来看，"客资"是唯一的考核标准。

但是如果没有好的内容、好的运营，怎么会产生有效客资？怎么会促进成交？

因此，我们建议无论是何种类型的新媒体团队，都需要从内容、运营、成交三个维度去进行制度化建设（图1-11）：

| 内容端制度 | 运营端制度 | 成交端制度 |
|---|---|---|
| ·短视频选题管理<br>·短视频脚本写作规范<br>·短视频拍剪流程与发布流程<br>·每个短视频增粉、阅读量、转发量数据汇总与考核<br>·直播主题管理<br>·直播脚本写作规范 | ·新增粉丝跟进标准化动作<br>·短视频客资获取方法<br>·直播间客资获取方法<br>·主播日常管理<br>·主播间场观、新增粉丝、客资数量等考核办法<br>·主播选品工作标准化流程 | ·选房师服务规范<br>·客户置业计划书定制规范<br>·选房师带看标准化流程<br>·客户跟进表单<br>·成交客户数量与成交分析报告<br>·成交客户服务标准化<br>·各端口佣金分配制度 |

图1-11　新媒体部门制度建设细则

### 案例：某新媒体公司直播管理条例（部分）

#### Part 2　主播工作标准

1.主播须每周更新短视频，每周不得少于5个，每月不得少于20个。如有缺失须以文字形式向总经办说明原因，交运营存档，如无故缺失，每缺失一条扣款200元/条。

2.主播每周至少踩盘3个热门项目或有潜力项目，为直播做准备。踩盘之后以文字形式填写市场调研表（或市场调研报告），并以纸质形式交运营存档，运营须以区域或板块为单位进行存档，便于调用。

3.变现型账号每周直播不少于4场，每场不少于3小时；推广型账号每周直播不少于2场，每场不少于2小时，每少10分钟，扣款100元/10分钟。

4.直播时间由运营统一管理，主播对直播时间有建议权但没有决定权；未经许可，主播不得擅自改变直播时间，擅自改变时间扣款200元/次；主播更不得缺席直播，缺席一次扣款400元。主播因有事不能直播，须找人代班，无人代班时须报总经理审批同意。

5.主播若因直播时间工作到22:00之后，可于第二天上午调休（周一上午除外）。如果因在公司直播到22:00之后，公司予以报销返家打车费。

6.如果公司管理层或运营在群里或口头建议的话题，热点类话题须在6小时内（工作时间）上传视频；其他话题须在12小时内上传视频；每缺失一次或延误，扣款100元/次。

7.账号粉丝低于10000人的，短视频时长不长于45秒，特殊视频除外。

8.每个账号开播前24小时和前2个小时须上传引流视频，引流视频不少于1个，没有引流视频不允许开播，特殊情况由主播、运营、总经理三方商议后决定。

## Part 3　主播工作流程

1.短视频流程：

提出选题→文案或主播撰写脚本→领导确认→交付视频组拍摄和剪辑。

2.直播主题：

主播拟定直播主题→领导确认→交付平面设计师设计→制作或上传直播间→开启直播。

3.开播准备：

直播环境布置→运营审核（符合标准）→领导抽查→抽查不合格，通知运营断播。

直播环境（光线、声音、主题摆放、相关组件、直播间设置）须符合公司标准。若不符合标准不得开播，强行开播的，主播按缺岗处理，运营予以200元/次处罚。

4.留资处理：

客户留资→运营交付线下团队（须写清楚时间、主播）。

## Part 4　主播奖励制度

1.粉丝数在5000人以下的账号，直播间人气有效客户最高在线达到50人以上的（真实在线），奖励100元/场；最高在线达到80人以上的（真实在线），奖励200元/场。

2.粉丝数在5000人以上的账号，直播间人气有效客户最高在线达到100人以上的（真实在线），奖励100元/场；突破150人的，奖励200元/场。

3.如留资客户被线下团队成功带看,且被案场认定为C级及以上的,奖励150元/组;复访客户不予认定。

4.如留资客户成功成交,分配制度另行规定。

5.推广型账号因视频出众而被非合作的开发商或项目邀请拍摄的,奖励500元/单。

## 第四节　拓客工具制作精细化

在很多时候,我们没有输在战术上,而是输在了弹药和补给上。渠道拓客归根结底是谈判的艺术,谈判成功90%的工作是谈判桌下完成的,所以拓客工具的准备势在必行。

细数下来,渠道拓客工具一共有七大类(图1-12):

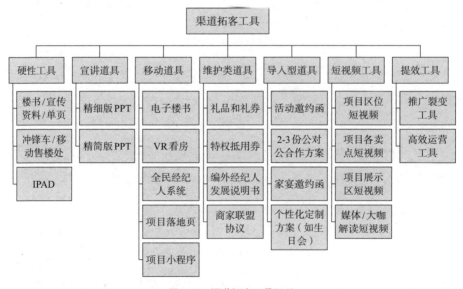

图1-12　渠道拓客工具汇总

在上述七类渠道拓客工具中，前五种工具不难理解，本书不再一一解释，我们重点对短视频工具和提效工具进行阐述。

**1. 短视频工具**

随着抖音、快手、小红书等App的崛起，短视频不仅成为推广的具体形式，还成为一种拓客工具。

房地产策划的发展趋势之一就是将传统纸质物料可视化，楼书、户型图、产品卖点、样板房（样板区）等均可以用短视频形式呈现，不仅方便拓客，还更便于客户的阅读，快速理解项目的卖点。

但是在实际运作过程中我们发现，由于短视频一般是由策划主导的，导致很多短视频不接地气，具备了推广功能，但不具备导客功能，这就需要策划多听取渠道和销售的意见，把"销售物料可视化"做到极致。

另外，短视频发布时内部人员大多是因为管理层要求才转发的，究其原因，说明该短视频与员工的切身利益无关。鉴于此，笔者建议每个短视频的片头或者片尾增加渠道或销售人员的出镜画面，片尾最好能够增加该员工的联系方式，虽然在剪辑上会略繁琐，但该精细化的处理能够提升员工的积极性。

**2. 提效工具**

在新媒体时代，渠道人员开始利用数字化手段去裂变和运营，以求达到四两拨千斤的目的。在这里，向大家介绍四种小工具：

1）推广裂变类：游戏红包裂变

该工具的原理是把游戏链接通过微信转发给指定人群，对方点击之后分享可以领取红包，A转发给B，B转发给C，每次转发A都能领取一定红包，最高裂变收益可达到9级，实现"病毒式"传播。很多开发商使用过后获得了海量客资，但缺点是客户不够精准，但单纯从裂变来看效果还是不错的。

该种工具运用的场景有很多，可以在某个圈层内部，可以在某个企业内，甚至可以限定在直播间内，后台可以设置离项目10公里范围内的地缘用户才能领取，最终成效是项目得到曝光，并能批量获取拼团客户，用AI外呼去筛选意向客户邀约到访，并最终客户沉淀至私域中。

比如2022年10月香港置地在全国范围内举办了一次购房节，前期便是通过该工具实现裂变，裂变人数超过12万，促成了4亿元的销售额（图1-13）。

图1-13　香港置地购房节广告页面和裂变数据

2）推广裂变类：抖音裂变码

该工具的工作方式是：对方只要扫一下项目的抖音裂变码，对方抖音账号就会将自动发布一条项目的推广视频。

该工具运用场景也比较多，比如组织中介培训和中介踩盘，可以让中介同行扫码，他们的粉丝中存在大量买房客户；还有一种场景是巡展，进入特定的企业或者小区，通过赠送礼品的方式邀请大家扫码，也可以起到裂变的目的。

3）高效运营类：短视频混剪工具

通过混剪工具，输入原始视频素材，最后可以混剪出几百个原创视频，然后一键发送到公司几百个员工账号上。这种工具为什么有用？因为大部分的地产人是做不了IP的，更主要的是他们时间精力不够用，不足以促使他们生产出好的内容，而这种短视频矩阵工具可以批量生产一些大字报型的获客短视频，极大提升了新媒体运营效率。

4）高效运营类：自动点赞评论工具

该工具可以一键群发信息，也可以一键点赞评论，相当于按键精灵的软件，解放你的双手，用来维护一些重要客户的朋友圈。

在微信端，该工具可以实现的效果是：朋友只要一发朋友圈，你可以第一时间自动点赞和评论，增加客户的黏性；当你有重要信息需要发布时，也可以一键群发。

在抖音端，可以借助这个软件批量点赞和评论同城粉丝，设定一些广告语，比如"5万元首付买4A景区旁边的花园洋房""你的内容很好，我关注你了，可不可以也关注下我"等，通过评论语达到宣传项目或增加粉丝的作用，这种工具运用得好往往能在一天之内涨粉数百人。

# 第二章　拓客技巧精细化

传统自渠只要做到精细化，将执行做到位，依然发挥着重要的功效。很多时候，不是传统拓客方法失效了，而是我们并没有拓宽思路找到突破口。本书不再就传统的方式方法进行阐述，而是把其中的创新点或难点和重点向大家介绍。

## 第一节 海报派发精细化

海报派发是传统渠道"三板斧"之首，曾经为销售立下了汗马功劳，然而，随着城市管理越来越严格，海报派发的难度越来越大，尤其是优质小区和商圈派发更难。

海报派发精细化具体可以体现在五个方面（图2-1）：

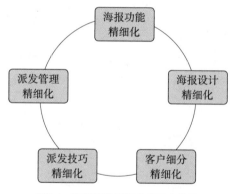

图2-1 海报派发精细化的五个模块

首先我们需要明确海报的功能，一般来说，我们给海报分为四大功能：第一，实用型海报，在海报背面印刷一些实用的信息，比如城市交通图、学区划分图等；第二，礼品型海报，在海报的某一个角落印制奖品兑换信息；第三，导客型海报，以引发客户到售楼处领取福利为主要目的，广告信息为辅；第四，主题式海报，比如把海报印刷成旅游大巴、留声机、地铁等形状的海报，简单来说就是项目最大的卖点是什么，就印刷成什么样子。

在海报设计方面，我们倡议"两分文字八分图片"，背后卖点不要超过四个，户型图展示不超过两个，对于那些智能化、景观等需要亲身体验的卖点无须登上海报。

在客户细分方面，我们提议"拒绝一张海报打天下"，而是根据客户的特点设置不同的海报主题，有针对性地派发会更加精准。

在海报派发管理上，我们建议"一管五""尽量入户""学校周边派发"等模式，要知道大部分的派发人员是有惰性的，必须要有人进行动态监管，仅仅通过拍照打卡是达不到监管目的的；另外在派单的激励方面一定要设置来访指标，否则只能是匆匆了事。

那么，如果遇到管理很严格的小区或商圈该如何有效派发呢？

**1. 物料的丰富性**

近年来因为传统海报的有效性在慢慢褪去，所以我们开始将海报软性植入，与功能性、实用型紧密结合，往往会起到不错的效果。

针对入户的物料：楼层贴、电梯地贴，还可以给业主赠送小型绿植；

针对汽车的物料：挪车卡、餐巾盒、免费洗车券等；

针对夜间拓客：灯牌矩阵、荧光气球等；

针对小区外围：环保袋、小型礼品（扇子）……

另外，还有一些植入型的广告可以被我们利用——

针对沿街商铺，我们可以整合资源制作异业联盟优惠手册；

针对小区，我们可以在小区主入口设置桁架，在小区公告栏发布广告，甚至可以联合街道办在单元门入口的公益广告栏设置广告；

在商家联合方面，可以联合各个外卖型商家，把项目广告连同外卖一起送达客户；还可以与收银系统合作，设置付款码广告。

**2. 高端社区派发技巧**

高端社区的物业管理极其严格，而且很多社区对其他地产公司都设置了"广告排他"，进入高端社区派单已经成为一种奢望。此时，我们需要借力拓客（图2-2）：

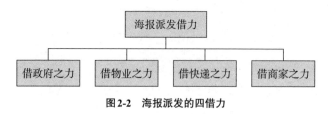

图2-2 海报派发的四借力

1) 借政府之力

街道办事处是我国最接近民众的政府派出机构，一般下辖5~7个管理办公室：党工委办公室、政务办公室、城市管理科、社会事务管理科、经济发展科等。

街道办每年承担大量的精神文明建设、政策的宣贯等工作，而且都会深入群众和企业，此时我们可以与当地街道办合作，在法律法规允许的情况下，联合街道办的活动一起进入社区和企业（图2-3）。

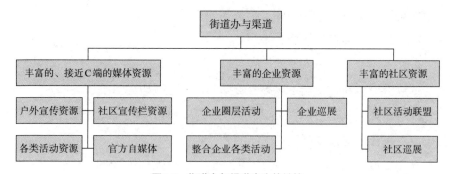

图2-3 街道办与渠道产生的链接

2）借物业之力

物业公司虽然排斥广告，但绝对不会排斥服务！

物业公司每年都会针对业主提供一系列的暖心服务，比如提供免费油烟机清洗、中央空调清洗、节假日赠送小礼品等回馈服务，渠道人员可以与物业公司取得联系，主动承担部分服务。

除此之外，渠道还可以联合物业发起免费洗车服务，"无水洗车"的技术已经非常成熟了，只需要简单的设备就好，每辆车的清洗成本低于10元。在物业同意的情况下，在地下停车场设置一个洗车服务点，毕竟，这也是物业回馈客户的温情表现。但是我们只需要提出一个要求：每洗完一部车，允许派发一份宣传资料。

3）借快递之力

业主一定会拒绝广告，可能会拒绝服务，但一定不会拒绝快递！

每个小区都有单独的空间做快递驿站，各个快递公司每天两次把快递送到社区，此时我们需要和驿站取得联系，把我们的广告贴在快递的盒子上，这样"海报"自然而然就送达业主了。

4）借商家之力

高端社区的业主不可能不出家门，他们购买日常用品的时候都会选择就近的商家，此时我们可以在高端社区旁边的商业街中挑选几个品牌度不高的商家，以提供赞助、环保袋为切入点，要求每个袋子里面放置一张海报，顺便在商家店面里放置易拉宝，业主购物时便达到效果。

如果把声势做得更大一点，我们可以整合目标小区周边3公里的餐饮商家，依然以赞助的形式洽谈，我们唯一的要求就是所有的外卖盒子内放置一张卡片，同样可以达到目的。

## 第二节 电话拓客精细化

每次谈到电话拓客的时候,大家脑海里一定会闪现两个关键词:话单质量和电话说辞!

这两个因素只是电话拓客成功的门槛而已,本节重点讲讲电话拓客的管理能效问题。

首先大家需要思考一个问题:电话拓客到底应该聚焦来访还是应该聚焦成交?

很多人认为应该聚焦成交,笔者认为不对,成交应该是销售员的工作,因此,电话拓客的核心应该是聚焦来访!

再思考第二个问题:传统的电话拓客每天能打200个电话左右,如何在确保有效来访的前提下,提升电话营销员的工作效率呢?

笔者的答案是:将电话拓客组分为两个小组!我们不妨称之为一级组和二级组,一级组专职增加呼出量,二级组聚焦于通过回访一级组筛选的客户进行邀约。

我们通过一个案例来诠释他们的运作过程。

比如龙湖在某城市有个远郊别墅项目,虽然单套面积很大,但总价极具优势,因此我们可以提炼出电话接通之后的第一句话:您好,打扰了,请问320平方米、总价150万元的龙湖棋盘山别墅,您想了解一下吗?

简单的一句话很符合目前抖音短视频的脚本创作逻辑,在短短的五秒内把面积、价格、品牌、产品四大卖点就直接输出了,引发听者关注。

对此,我们可以设定这样的对话路径(图2-4):

因为只有一句话,机械式的重复劳动,比较容易监管,还大幅度提升了工作效率,呼出量可达450~500组/天。能够转给二级组的客户是相对精

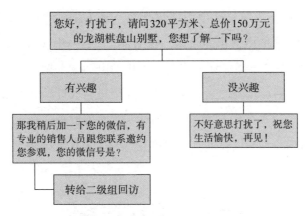

图 2-4　龙湖棋盘山别墅一级组通话路径

准的客户，为后期客户的来访和成交奠定了坚实的基础。

既然我们聚焦于来访而不是成交，那么我们在激励政策上也应该有所调整。在电话拓客组没有被拆分之前，激励政策是：

基础工资分为三档：80元/天、100元/天和120元/天；

有效客户来访：40元/组；

成交奖金：800元/套。

电话拓客组拆分之后，修正版的激励政策变更为：

基础工资分为三档：80元/天、100元/天和120元/天；

有效客户来访：80元/组，另外再设置到访任务完成奖金；

一级组组长：基本工资+到访公佣（5元/组）+周到访任务达成（300元）；

二级组组长：基本工资+到访公佣（10元/组）+周到访任务达成（300元）。

看似取消了成交奖金，但是经过实践，每个人的月度综合薪资比之前上涨了500~1000元。

这一改革给该项目也带来了不错的效果，改革之前，电话拓客组占总来访的16%，改革后这个比例上升到30%~50%，整体费效比仅为0.7%。

随着国家对个人隐私管控的日益严格，电话营销越来越难做，市面上也出现了一些合法的电话拓客工具，首先需要下载一个App，如果你是座席A，想要给用户B打电话，你不需要在手机的电话键上拨号，而是在App上拨打用户B的电话，接通之后，App会首先给座席A打一个电话，两端接通之后，就可以实现A与B之间的正常通话了。它的优点就在于可以呼出大量的电话，还可以实现一键导入、一键拨号、电话录音等功能。

## 第三节　巡展拓客精细化

巡展可以分为社区巡展和商超巡展两种类型，近年来虽然传统渠道日渐没落，但巡展（或临时售楼处）依然被众多房企所追捧。

而笔者想说的是：大部分的巡展都做错了。

很多巡展点和售楼处无异，被动式地等待客户上门询问，一天下来有效客户微乎其微；其实，巡展点只是一个收客阵地而已，我们很多的拓客动作应该在巡展点之外。

**1. 社区巡展**

社区巡展一定要记住两个关键词：关键人和事件。

1）筹备阶段

第一步要对社区物业进行三级拜访，首先是营销管理层联系并拜访园区物业管理中心，其次是渠道经理拜访社区物业经理，最后渠道主管或者渠道专员拜访维系楼管，取得物业从上至下的理解与支持；

根据自身项目需求，确定拓展社区，对接物业经理与楼管，当天拜访可以携带一些案场拓客礼品，礼品单价建议不超过50元，建立楼管微信推介群，统一编辑微信信息；

要提前准备好老社区拓展的背景展架、立屏展架与包桌KT板，拓展小礼品与看房车配备等。

2）执行阶段

务必要坚持"线上线下齐发力"，线上在拓展前一天或拓展当天在楼管群内释放微信信息，发动每个楼管点对点推送给每个业主，推送完成后楼管凭借推送截图，适当发一个随机红包，保证项目的销售与活动信息能够传达至每位业主；

在社区展点内的活动时间建议为每天上午10点和下午3点，以幸运转盘或者微信扫码送礼品形式，促使社区业主聚集展点，形成外围辐射。

3）执行细节

（1）入市新项目首次拓展：入市新项目首次拓展社区一定要注意形象，以背景桁架，背景桁架前面铺设红地毯，加设谈判桌椅，幸运转盘、立屏展架以及小礼品等，将老社区展点打造成项目在售楼部以外的一个临时接待中心；

（2）销售期项目拓展：销售期老社区拓展以拉网展架背景板、立屏展架以及包桌接待桌、幸运转盘以及拓客小礼品等；

（3）为提高案场活动人气，周六周日安排看房车或者大巴车，每天上午与下午固定的时间内聚集老业主，接送至案场参与周末暖场活动，聚集人气，挖掘潜在购房客户；

（4）老社区客户案场对接流程：渠道人员带访老社区业主到访售楼部—置业顾问轮排接待（区域、沙盘、沉浸式体验、一体机讲解、洽谈区、样板间）—接待完毕后置业顾问送给客户一张礼品领取券—客户凭借礼品领取券至水吧台登记领取礼品（水果礼盒或者其他礼品，价位控制在100元左右）。

除了以上的聚客方法外，还可以运用一些新媒体手段炒热社区，比如融创某项目曾经在做社区巡展的时候玩了一次"社区寻宝"活动，提前把几十份礼品券隐藏在社区的各个角落，在特定的时间内通过群内通知大家到楼下"寻宝"，渠道人员全员出动跟随业主进行拍摄，找到礼券的业主到巡展点兑换礼品，同时房企还把这些视频进行剪辑，做成了一次暖心而有趣的事件营销。

### 2. 商超巡展

商超巡展同样要记住两个关键词：资源和时机。怎么理解这两个词呢？

我们在进入某商超之前一定要问自己一个问题：为什么要选这家商超？

难道仅仅是因为它是全市最有人气的商业场所？不，如果这么简单就错了，我们进入某商超一定是看上了这家商超的客户资源。如果商超的客户资源比较难谈，那么，就要选好时机，比如该商超的"双11特惠活动"或者是"周年庆活动"，因为只有在这样的机会点，我们才能和商超获取更多的合作，才能获取更多的自然流量。

给大家讲一个真实案例：

> 苏州知名购物中心邻瑞广场启动开业三周年庆典，主办方向社会公布了招商合作方案。
>
> 要知道，邻瑞广场是苏州知名的高端消费场所，全球知名的山姆会员店就开在里面。拥有敏感嗅觉的丰隆城市中心项目立即与商家取得联系，就合作形式举行了多轮谈判。
>
> 本来邻瑞广场只想为项目提供展位，但是更加吸引项目的是山姆会员店的11万客户资源，经过焦灼的谈判，最终双方达成合作：
>
> 1. 邻瑞广场内部所有视频机广告必须要有项目的平面广告；
> 2. 邻瑞广场免费为项目提供为期10天的动态展点；
> 3. 邻瑞广场内部至少要有两幅大型喷绘画面无偿赠送丰隆城市中心；

4.邻瑞广告所有派发出去的物料上必须要有丰隆城市中心的销售信息；

5.山姆会员店会以官方微信和短信的形式推广活动信息，但信息中包含项目广告（图2-5）。

图2-5 邻瑞广场内的项目广告和巡展点

最终，丰隆城市中心以15万元的价格"购买"了市场价约50万元的资源，要知道山姆会员店的资源是多少钱都买不到的。

## 第四节 老客户维护精细化

在看本节之前，大家深入思考一个问题："老带新"到底是不是一种营销模式？

如果是，那么问题来了，每次我们向管理层要政策，要求增加"老带新"的转介费，为什么效果欠佳呢？

其实，"老带新"具有很强的偶得性，任何一位老客户不会像销售员一样把发展新客户作为主要工作，而是身边的亲友刚好在问，而老客户刚好有这方面的资讯。

因此我们得出一个很重要的结论:"老带新"不是一种营销模式,而是营销的结果!

"老带新"的本质是圈层的重新组合,是根植于中国老百姓"择邻而居"传统观念的具体呈现。我们千万不能在缺新客户的时候突然想到老客户,而是将维护老客户作为工作的常态,正所谓"念念不忘,必有回响!"

"老带新"在房地产营销中的具体表现有三种(图2-6):

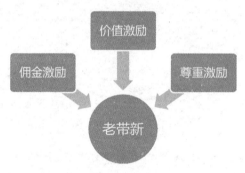

图2-6 "老带新"的三种激励方式

### 1.佣金激励

"老带新"的佣金是不是越高越好?转介费到底应该怎么发?能否通过转介费发放方式的精细化设置提升老客户的介绍积极性呢?

如果公司"老带新"的转介费是2万元,那么,你该如何发放给老业主呢?

在解决这个问题之前,大家回忆一下2018年拼多多出台了一个让人大跌眼镜的"拆红包得500元现金"活动,红包背后是人性,大家潜意识里认为不去抢就亏了,人们对失去的厌恶远远大于得到的喜悦。失去10块钱的痛苦,往往要用25块钱的快乐才能抵消,这就是著名的损失厌恶原理。毕竟眼前的损失才是真的损失,拼多多很好地抓住了人性的这种厌损心理,你的好友成功提现了500元,你还差几毛钱就可以提现,这样的损失你能容忍吗?优秀的营销管理者懂得运用厌损心理,能激发用户的潜能,完成自己的目标。

所以,我们的建议是大家把这一心理也能运用到转介费的发放上(图2-7):

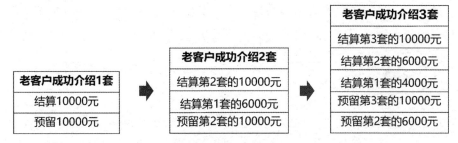

图2-7 "老带新"转介费新型发放方法

我们来解析一下该图,如果转介费是2万元,可以进行三次拆分,第一套时结算1万元,第二套时再结算0.6万元,第三套时结算剩余的0.4万元。这样如此反复,老客户总有一部分转介费被预留在那里,促使客户继续转介。

不过,为了能让以上发放方式效果更佳,预防老客户有逆反心理,可以首先将"老带新"的转介费提升至3万元,这样可以拆解为"2万+0.6万+0.4万"的形式。

**2.价值激励**

我们常说:我们卖给客户的不是房子,而是一种生活方式。

那么,到底是一种怎样的全新生活方式?如果这种生活方式与利益无关,那我们所宣扬的生活方式岂不是过于干瘪?

每一位销售员都填写过《来访客户登记表》,其中有个"客户职业"选项看似无用,但其实内有玄机,试想一下:如果我们把所有的客户按照职业进行分类,岂不是一个非常容易进入的圈层,更是一个可以互惠互利的生意圈和人情圈。

每个行业都有上下游产业,我们应该把新老客户聚集在一起,组织类似于商业交流会的圈层活动,拓宽客户的人脉,让其主动嫁接各自的资源,自然而然就会形成对自己人生、生活、生意有用的社会资源。新老客户均在这里找到了价值,而作为活动的组织者,将获得大家的信赖,成交便成为顺其自然的事情了。

### 案例:融创"私董会"

融创义乌项目为了汲取更多的优质客户,同时提升"老带新"的比例,创造性地成立了私董会,具体操作如下:

(1)筛选出的优质客户将免费成为项目的战略合伙人。项目将与每一位战略合伙人签署具有法律效益的战略合同,一式两份,双方各执一份。

(2)为每一位战略合伙人颁发证书,获得项目战略合伙人身份,并享有项目战略合伙人权益。

(3)战略合伙人将优先享受项目所提供的所有楼盘优惠折扣与促销活动权益。

(4)当项目在当年和这30位战略合伙人共销售××亿元的目标(以合同签约金额为准)完成后,这30位战略合伙人便可享受项目全年总销金额中的1.5%作为合伙人分红。在1.5%的总额度内,具体个人分红比例按照各自推荐成交的金额比例进行内部分配。

(5)战略合伙人的照片在售楼处进行公示。

除此之外,他们每周举办两次活动,周中及周末晚上,每位成员最多可以携带3位客户参与活动,所有参与的商户可以携带礼品或物料到活动现场进行推介。实践证明,几乎每场活动成员们都能在此获得新的商机,尤其是房地产的附属产业最为明显。

### 3.尊重激励

尊重激励往往被运用于高端项目上,大家知道,高端项目的客群层次较高,他们对转介费的敏感度不高,而这个时候我们应该从情感层面去应对。

笔者曾经做过福州市中心某高端项目的营销顾问,该项目一半以上的房子总价在800万~1000万元之间,但营销费用却少得可怜。某天,我接到项目置业顾问的电话,说她有个客户是苏州人,常年在福州经商,清明节没有回家,但通过微信聊天置业顾问得知客户想念家乡的青团了,她问我能不能邮寄一些正宗的苏州青团给她。我欣然答应了。后来我得知,客户收到青团的时候非常感动,说这是他收到的最贴心的礼物。

这一很小的事情告诉我们:礼物不在价格,用心才行;"老带新"不在套路,持续才行。

我们无论是作为开发商,还是中介商,都有这个能力给到客户尊重(图2-8):

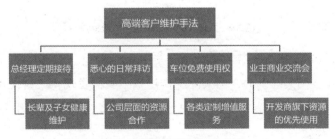

图2-8 高端客户"老带新"手法

由此可见,"尊重激励"既来自内心又来自刻意的安排,"优先意识"需要深植于每一位营销人员的骨髓,"总经理定期接待""车位免费使用权""专属体检"等虽然成本不高,所耗精力也不多,但却能够给客户无上的荣光。

## 第五节　关键人发展精细化

笔者多年的房地产营销经验:每个项目业绩最好的渠道人员一定会具备同样的特质——关键人最多且质量最优。

加之房地产渠道正在向精准化和高端化发展,所以,关键人的发展和维护将会发挥更加重要的作用,而且这一拓客方式永远不会消失。

关键人的发展无非是"熟人介绍",而本书提出一个非常重要且能够影响业绩的问题:关键人到底应该发展到几级?

一位渠道专员A,发展了关键人B,那么关键人B就是一级关键人;关键人B又依靠关键人C介绍成功客户,关键人C则是二级关键人(图2-9):

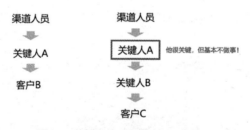

图2-9　关键人的一级模式和二级模式

我们在过往的十年里,制定了一系列的关键人发展政策和激励政策,一般是针对一级关键人的,但实际工作过程中我们发现,关键人A的确"很关键",但基本"不做事",关键人B才是众多成交客户的直接引荐人,形成典型的"葡萄效应"。

以金科为例,"金买家"共计发展关键人约2000人,活跃带看是400人,其中二级关键人的业绩占比70%以上，第一大群体是房地产从业人员与中介，约占50%；第二大群体是业主、企业、商会的关键人，约30%；第三大群体是个体工商户，约20%。

笔者曾经在绿城分管营销工作时，有一位员工向集团汇报了一个案例：一位孙会长竟然带来了80套的总业绩。我对此非常感兴趣，让她画一张孙会长推介路径图，画完之后我发现，孙会长其实只介绍了两位关键人而已，但是这两位关键人却每人介绍了10位以上的客户成交。

因此，笔者建议房企在制定关键人激励政策的时候，一定要重点考虑二级关键人的激励，往往会起到出人意料的效果。

哪些人可以成为我们的关键人？我们的工作重点分为是什么呢？我们把关键人分为三大类（图2-10）：

图2-10　不同关键人的维护重点

同行经纪人最忌讳的是转介行为让他人知道，因此要对他们的身份信息严格保密，他们非常在意项目的成交率、佣金点数和结佣速度；

圈层关键人是我们通常说的精神领袖，他们身边的高端客户数量巨大，我们需要不断建立信任和合作机制，做好长期维护的准备；

企业关键人能够直接决定团购的成败，我们首先要解决的是公对公合作问题，然后再充分挖掘该关键人的多样化需求，从而达成合作。

最后，我们再谈谈关键人的维护细节问题，关键人的维护与"老带新"非常相像，用八个字可以进行总结"细节维护、权益管理"（图2-11）：

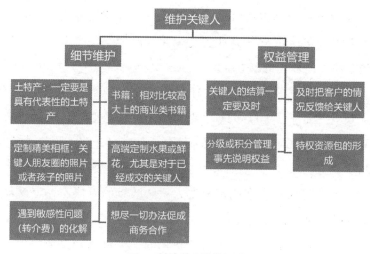

图2-11 关键人维护细则

**1. 细节维护**

以前我们送给客户的礼品基本都是项目策划批量定制的,为了宣传项目,礼品上往往都有项目Logo,殊不知,客户对广告类的礼品是非常排斥的,基本上不会使用。因此我们建议一定要将礼品定制化,"定制"不意味着花费更高的代价,而是要把礼品选进客户的心里。

比如,我们可以打听到客户的籍贯在哪里,然后在网上买一些当地的土特产给客户,每个人都有故土难舍的情感,对来自家乡的礼物不会拒绝;我们还可以为客户采购几本书籍,这些书籍最好是有时势性的,例如电视剧《三体》在热播,书籍再次受到追捧;网红经济学家薛兆丰出版了《薛兆丰经济学讲义》等均可以成为我们的目标;如果你加了关键人的微信,朋友圈里有孩子的照片,你完全可以下载下来制作成电子相框赠送客户……

这些礼品成本不高,但能体现出你的处世细节,客户也很难拒绝。

还有一个敏感性的问题就是转介费,很多时候关键人出于情感或纪律问题不好意思收转介费,其实转介费是完全合法合理的收入,此时我们需要帮助关键人化解这一难题，比如帮助关键人购置家具家电。

除此之外，如果关键人是商界人士，我们还要想尽一切办法与他们产生公对公的合作，批量地挖掘他们身边的圈层资源。

笔者在操盘的时候曾经遇到一位做高端软装的老板，在当地拥有广泛的人脉，他本身已经在项目上购买了11套房子，后来我们和他建立了合作，准许其成为软装的战略合作单位，并且单独为他在售楼处设置了停车位，从此之后他开始频繁地带生意伙伴来看房，在短短的半年之内又陆续成交30余套。

**2. 权益管理**

权益管理是关键人维护的核心动作之一，因为关键人是不受公司制度约束的，但我们可以通过"权益分级"来解决这一问题。

首先，我们需要整理好项目或公司旗下的资源包，形成物质特权、价值特权、尊重特权三大类（图2-12）：

图2-12　关键人的三大特权

把资源包形成之后，我们要做的是把资源进行三级分类，每一个类别对应的是关键人的层级，钻石级关键人享受最高权益，依次减弱。然后一定要做成小型物料，让关键人了解升级规则。

另外，还有两个小细节要注意，一是关键人引荐来的客户一定要特殊接待，同时要把客户的情况汇报给关键人，让他们知道客户的思想进展，必要时让关键人协助成交；二是客户签合同之后，务必第一时间为关键人请款。

## 第六节 乡镇拓客精细化

乡镇盘难卖，这是业内的共识！经济、人口、产业、资源等相对匮乏的小城区，无论从何种角度去分析，似乎都很难找到"购买的理由"，如果理由不成立，谈何"购房逻辑"呢？

笔者的友人在江苏北部某乡镇开发了一个总货值只有6000万元的小区，遗憾的是在过去的三年里，只卖了20多套。朋友遭遇了前所未有的压力，于是找到了我，希望我趁着春节返乡之际能够快速去化一波。说实话，之前我从未认为乡镇盘难卖，我认为这是一个很容易解决的问题，所以欣然答应了。

但是，没过几天，我的心态就在逐渐崩塌，因为我发现，再优秀的企划包装、再有序的价格策略、再高明的谈判技巧……都敌不过乡镇老百姓的那一句"哦，没事，再等等吧，家人在外打工等回来再说"。

帮助朋友忙活了一个多月，也只卖了13套房子（11套多层、2套小双拼），我的自尊心受到了前所未有的打击，从那之后，我再也不敢小看乡镇盘了。当我遇到一些自诩一年卖几十亿元的操盘手桀骜不驯时，我会劝告他们：不如去试试乡镇盘吧……

一直以来，乡镇盘一直是笔者重点研究的对象，总体来看，乡镇盘的操作重在各个端口的执行，而本节我们将重点和大家聊聊渠道端口的执行。

**1. 掌握乡镇拓客地图**

拓客地图是房地产渠道营销中最核心、难度最大的道具，一般来说，拓客地图可以分为两大类:"生活地图"和"工作地图"。"生活地图"是根据"衣、食、住、行、娱乐、教育、工作、副业"八大类绘制;"工作地图"则根据"金融、教育、商会、商超、4S店"……十大职业绘制。

为了让乡镇楼盘更具针对性和落地性,笔者建议将上述的两种地图合二为一,根据"住、商、企、村"四大类绘制:

住:乡镇客户居住的密集地,尤其是房龄较长的社区、安置社区以及即将拆迁的区域。

商:乡镇、村主要商业街道或集中商业区或大型超市所在地。

企:乡镇及其周边的主要企业(村办企业、私人企业、手工作坊等)。

村:对乡镇有向心力的村落,按由近及远顺序绘制。

**2. 掌握务工人员城市轨迹**

绘制好上述的客户地图之后,在有条件的情况下,主要通过与老乡交流的方式充分了解当地外出务工人员的去向,具体到哪一个城市即可,并在地图上标示出来。

我们在乡镇拓客时,多数情况下会遇到"决策人不在家"的情况,在这个时候,我们一方面可以通过家里的老人微信联系到决策人,另一方面要积极地加入务工人员所在城市的"老乡群",将拓客前置,这样的话,务工人员在返乡之前就对你的项目有了印象,甚至有了好感,一旦返乡势必会优先考虑你的项目。

**3. 壮大本土化拓客力量**

在乡镇拓客中,10个外地人不如1个本地人。

乡镇的关系网错综复杂,发挥好本土人的优势可以大幅度地减少渠道的各项投入,也可以在未来关键人发展、组织看房等各项工作中取得便利条件。

所以,乡镇盘一定要懂得如何吸收本地人加盟渠道部,专职的更好,兼职的也可，但必须一提的是：管理人员一定且必须是外地且有渠道经验的人。为什么一定要是"外地人"呢？因为我们需要把渠道管控风险尤其是管理及腐败风险降到最低；又为什么一定是"有渠道经验的人"呢？乡镇渠道人员大多年龄较长，没有受到过专业的渠道培训，有渠道经验的人才会加速团队的成长时间。不过，有经验的渠道管理人员很难去做乡镇项目，这是总经理需要花功夫去解决的重大问题。

### 4. 重点布局"五菜一汤"

"五菜一汤"是万科作社区商业业态规划的一种戏称，所谓"五菜一汤"指的是超市、便利店、洗衣店、银行、餐饮和医疗。笔者将"五菜一汤"稍微改进一下（图2-13）：

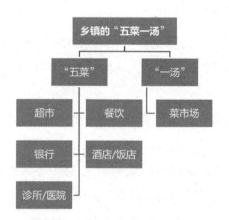

图2-13 乡镇拓客的"五菜一汤"

要知道，这6个场所是乡镇客户最扎堆的地方，我们需要针对时间的不同分步推进渠道工作。

如菜市场，乡镇的菜市场比城市里的菜市场开业要更早，早7点到9点是最佳的拓客时间；比如银行，我们可以挑选当地代发养老金的银行，每月一次集中办理，那一天很多老人会选择很早就开始排队等待了。

### 5. 必须攻克大型酒店

为什么一定要攻克当地大型酒店？因为，在商业资源相对匮乏的乡镇里，老百姓家里的婚宴、升学宴、乔迁宴、添丁宴、感谢宴等一般都会选择当地最知名的酒店。

所以我们一定要将这家酒店的老板发展成为关键人，一旦有大型宴会，渠道人员可以立即跟进，派发单页、摆放展点都是基本动作，如果可以深度介入这些宴会（如宴会赞助、宣讲等）更显渠道功底。

### 6. 关注集市和传统节日

每个乡镇都有不同的集市，我们需要选择集市的上午进行拓客，发放单页、巡展、摆摊等都是比较好的方式。

除此之外，一定要充分关注传统节日和特别的节日，比如春节、端午、中秋属于传统节日，但还有一些当地特色的节日更能引起客户的关注。比如有些乡镇会在初一或是十五组织庙会，我们开一辆拓客车（宣传车）驻扎在那里会有奇效。

### 7. 文艺节目乡村巡演

在乡镇拓客中，最忌讳的就是单纯的派单、单纯的截客、单纯的发展关键人……这说明你对乡镇拓客的重视度不够。

大家一定要记住一句话：无论是进入一个组织、一个企业，还是进入一个村落、一个圈层，一定要做好两件事情——关键人和事件营销。

事件营销的主要目的就是造势，其实在乡镇造势很容易，一次马戏团活动、一次焰火晚会……都会引发群众的关注。除此之外，笔者建议针对每一个村落要做文艺节目乡村巡演或者电影进乡村活动，这样可以在巡演之前充分与当地老百姓沟通，了解购房需求，收集家庭信息。

### 8. 部署系列公益活动

品牌美誉度说白了就是群众的好感度，我们的策划一定要抓住乡镇客户的特点做一些既能提升好感度，又有助于拓客的系列活动。

中国的很多乡镇属于人口输出型，留守在家的要么是老人要么是孩子，尤其是针对留守儿童，我们要赋予他们更多的爱心。比如进入学校后，我们可以赠送一批图书，赞助每个孩子一个书包，教他们学电脑，教会他们给父母写信等，都会引发家人的注意。

如果我们不和学校合作也可以，我们可以分别准备一些针对老人和孩子的礼品，在征得村委会同意的前提下，挨家挨户地送到位。不过值得提醒的是：既然是做公益，就不要太功利，否则适得其反！

### 9. 批量整合零散资源

乡镇客户过于松散，这更考验渠道人员的资源整合能力。

比如为了撬动某个镇的20个村，在进入乡村之前我们最好得到当地政府的支持，最好的办法就是通过镇文体部门或者退休管理部门把各个村的广场舞大妈们整合起来，来一场声势浩大的广场舞比赛；比如为了增加客户对项目的辨识度，我们可以帮助当地的超市或商家制作一批塑料袋或者环保袋，在赠送给客户的同时也把我们的单页一并送出。

### 10. 重点发展六类关键人

乡镇拓客一定要把关键人做好，根据经验，笔者认为有六类关键人一定要重点深耕（图2-14）：

1）竞品关键人

所有的关键人都不如竞品关键人，但是在乡镇项目中一定要注意的是：利益要足够！足够到竞品关键人愿意舍弃自己业绩的程度。

图2-14　乡镇拓客需要重点发展的关键人

2）村委会主要领导

如果我们难以找到村委会领导，最好的办法就是到村委会找到公示栏，那里会公示主要领导的照片和姓名，村支书/村长、村会计、组长/队长等。

3）村小学或中学校长

一个村里不会超过两个校长，校长之地位和声望有可能超过村长，所以我们一定要通过各种关系找到校长，然后通过公对公合作或者私对私合作等形式深挖校长的影响力。

4）广告公司老板

其实乡镇里的很多广告资源都是"垄断"的，没有能力或关系的人很难拿到这类广告的代理权，比如墙面广告，其广告代理商的老板在当地一定是关系网最庞杂的人，我们可以通过公对公合作的形式发展其为关键人。

5）乡镇医院的医生

很多乡镇医院的医生都是本地人，深受当地百姓的爱戴和信任，我们要想发展这些医生做关键人，我个人认为首先要做好医院的团购，如果更多的医生认可你的产品，那么他成为关键人的可能性就会更大。

6）当地知名的小工头

工头一直是我们发展关键人时常常忽略的群体，但根据笔者的经验，工头虽然在大城市地位不高，但是在乡镇，绝对可以称为"精神领袖"。他们是最早一批下海经商的人，靠着自己的聪明才智和冒险精神赚取了第一桶金，他们追求安逸，回到老家后做一些小工程，所以是一群能"吃得开"的人。

仅发展他们做关键人是不够的，甚至请他们吃饭也是不够的，一定要把他们请到售楼处,如果你的项目在县城,更要邀请他们到售楼处了,让他们亲身感受到你的产品,认可你的产品,领导要时不时地邀请他们到售楼处去以示对他们的尊重。

当然,还有的开发商更绝:把村长的儿女招聘到开发商工作,专做渠道,一个人可以把周边十几个村的资源全部整合完,如果有这样的机会的话,记得,一定要做!

### 11.接地气的仪式感

不知大家发现没有,大城市的人乔迁之喜大多是静悄悄的,顶多叫上三五知己聚会一下;但是在乡镇,但凡有人买了房或者是买了车,一定要放鞭炮几万响,邀请宾朋几十位。也就是说,乡镇的客户比我们更注重面子,更注重仪式感。

### 12.直播进乡镇

在新媒体时代,我们可以将直播搬进乡镇。比如可以选择晚上的人流密集区或者农村赶集日,设置一处摊位,就地直播,直播设备可以简单但是有一样东西必不可少:直播大屏!我们直播的时候,可以让渠道人员引导旁边的客户进入直播间,参与直播间内的福利领取,而客户也可以在直播互动、抽奖互动中留下他们的客资。

## 第七节 夜间拓客精细化

经过调研,90%以上的渠道人员对于夜间拓客持悲观态度,形式大于内容较多,导致留资困难,最后不了了之!

提到夜拓,很多人脑海中一定会想到发光背包、发光广告牌、摆摊、麦克风等传统的拓客道具，这些道具本没有问题，但大家首先需要想清楚一个问题：民众为什么会在晚上出来？

理由很简单，要么是健康的需要，外出散步或是跳跳广场舞；要么是凑热闹，逛逛夜市吃吃宵夜。也就是说，客户晚上出来大部分是以休闲为目的的，在这样的心情之下，遇到夜拓是比较烦心的，所以我们是否想过用一些相对愉悦的手段去拓客（图2-15）？

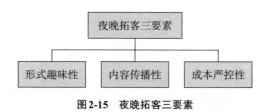

图2-15　夜晚拓客三要素

在这里笔者为大家介绍几种以上三要素兼具的夜拓手法：

第一，我们可以购买几百个小玩具，到夜市去摆摊，邀请客户玩"套圈圈"的游戏。客户只要留下他们的联系方式，可以免费拿到10个圈；如果他们扫"裂变码"在抖音里发一段事先做好的短视频可以再免费拿到10个圈。如果客户想继续玩，就需要支付10元的费用了，要知道，客户之前已经免费拿到了20个圈，他们认为自己是赚了，大部分的时候会选择交费再玩一次。

第二，还有一种类似的游戏名为"乒乓球进玻璃杯"，客户依然是通过扫码的方式留下资料，然后获得一张游戏券，每张游戏券可以获得5只乒乓球。客户手持卷尺（钢尺），长度为1米左右，然后让乒乓球通过卷尺滑动，滑进玻璃杯视为成功（图2-16）。

第三，我们可以把"快闪"融入夜拓中，比如渠道人员可以装扮成美国队长等经典形象，到夜晚的人流密集区去派发单页，还会引发路人的驻足观看、拍照打卡，同样可以要求路人转发朋友圈，然后得到一份精美礼品。

还有一种针对广场舞人士的小技巧，因为跳广场舞的人年纪偏大，我

图 2-16　乒乓球进玻璃杯游戏

们可以定制一些鸡蛋,在鸡蛋的蛋壳上印制我们的广告,技术成熟、成本很低,同样可以起到宣传和拓客的效果。

我们发现,一个简单的创新举措,既增加了趣味性,又扩大了项目的宣传面,同时还能通过收取部分费用降低营销成本。

## 第八节　公寓产品拓客精细化

公寓产品是房地产营销界的难题,其实公寓难的不是销售,而是销售速度,因公寓项目往往体量比较大,少则几百套,多则几千套,销售速度提不上去的话,就会被误以为"滞销",因此公寓的拓客就显得很重要了。

每次管理层问置业顾问公寓为什么难卖,大家都会说产权问题、公摊问题、贷款年限、增值幅度问题等,但其实这些都不是特别大的抗性(表 2-1):

公寓产品难点及自我审视　　　　　　　　　表2-1

| 公寓难点 | 反 问 |
| --- | --- |
| 无法落户 | 目前中国人还需要靠公寓去落户吗 |
| 物业、水电费高 | 又不是自己住，需要考虑居住成本吗 |
| 公摊面积大 | 比普通住宅多10%公摊，算得了什么 |
| 转让税费高 | 房子比普通住宅便宜40%～50%，还在乎那点儿税吗 |
| 不通燃气 | 通了燃气，你会在家做饭几次 |
| 首付比例高 | 1.房子本身总价就不高；2.现在二套房首付比例都60%了；3.贷款少、利息少，你不愿意 |

那么，公寓产品到底是怎么了？为什么客户不太喜欢这类产品呢？

笔者认为一切问题都归结于：增值问题！那为什么公寓的增值偏低呢？我们对比一下汽车市场就可以了：汽车之所以保值，关键在于车主的持有率，车主越喜欢、持有越多的车辆品牌就越保值。

公寓作为普通民众持有率不高的不动产，注定了客群是偏窄的，笔者多年操作公寓盘，得到这样的结论：找到追求财富平稳增长的客群，而不是冒进的投机者！

国家土地制度的特殊性导致公寓短期乃至长期不会出台利好政策，营销人要作好长期打硬仗的准备：①公寓目前的市场态势和住宅一样，呈现严重的两极分化现象，极度考验综合运营能力；②当前，公寓营销的核心，不是售卖房子，也不是投资回报率，而是疫情常态化之后民众难得的"安全感"，以及"品牌+运营"合力产生的"信心"。

鉴于这样的结论，我们首先需要对公寓的客群进行精细化的分解，为此我们提出了公寓客群的"READY"法则（图2-17）：

### 1.资源占有者

一般来说，公寓项目都会占有优质的城市核心资源或自然资源，很多

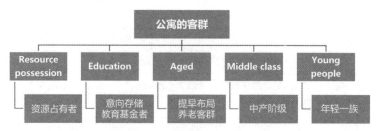

图2-17 公寓客群的"READY"法则

人购买公寓产品的动机连自己都说不清楚,"反正先占着这么好的地方"是他们的口头语,这种客户在高端公寓中尤为明显。渠道人员可以重点关注以下两类客群:

(1)政府工作人员:对区域充分了解并且充满信心;

(2)企业中高层:多次置业,资产配置,投资意识很重,但对产品的要求极高。

**2. 意向存储教育基金者**

很多中产阶级在拥有了第一套住房之后,尤其是解决了孩子的上学问题之后,开始重点考虑孩子上大学问题。他们习惯性的做法是购买教育基金或是购买房产,但是大宗房产他们支付能力有限,购买小公寓往往是他们的首选。这样的客户同样有两类:

(1)企业白领:重点关注写字楼内上班的白领;

(2)学生家长:重点关注优质学校、培训机构的家长资源。

**3. 提早布局养老客群**

中国看似进入了"延迟退休"时代,但是有危机感的中国人在40~45岁之间就开始考虑退休之后的生活保障问题了。他们深知通胀的道理,不会选择购买理财或基金,而是选择购买一套可以长期收租的公寓。这类客群可以从以下三个方面获取:

(1) 公园/社区广场：这附近大多是退休之后的老人；

(2) 老干部管理机构：获得一手老干部资源；

(3) 社保局：获得一手数据资源，把还有5年退休人员的数据获取到。

**4.中产阶级**

中产阶级有很深的焦虑症，他们的投资渠道非常窄，既想着要多赚钱，又想少承担风险，他们大多有"在家门口投资"的想法，或者有的中产阶层有创业的想法，他们暂时买不起写字楼，公寓成为首选，因此，他们是购买公寓产品的中坚力量！针对这样的客群，我们不建议去海量拓客，而是深耕项目周边的住宅小区，这是任何一个公寓项目必拓的地方。

**5.年轻一族**

这里讲的"年轻一族"特指到经济发达城市打工的人群，他们一时间受政策影响或资金的影响，会选择先购买公寓产品过渡。该类客群比较多，主要来自于以下四种通路：

(1) 项目附近社区：尤其要关注社区内租赁客户；

(2) 已交付公寓项目：承租人大部分是年轻一族；

(3) 重点商圈：年轻客群最喜欢去的商场、网红打卡地等；

(4) 当地网红：年轻客群关注的抖音、小红书账号等。

通过以上对客群的分析，我们可以总结出公寓产品拓客的八大招式（图2-18）：

房企旗下所有项目的老业主和公寓项目周边三公里一定是拓客的重点，因为老业主对品牌是有一定忠诚度的，而周边的社区客户对区域发展有很强的认知，深知投资前景，这两类客户是必拓的！

针对教育需求的客户，可以通过异业联盟的方式与高端培训机构合作，获得海量客户；针对养老需求的客户，可以通过公园、银行、广场舞夜拓

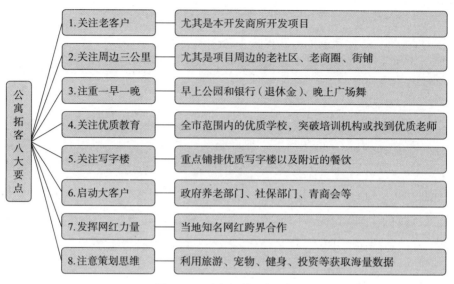

图 2-18 公寓拓客的八大要点

等形式获取;除此之外,公寓产品是最适合做新媒体的,可以引发年轻人的关注。

最后,我们再谈一个疑难问题:什么样的客户容易产生大宗交易呢?笔者为大家总结出六种客户(表2-2):

容易产生大宗交易的公寓客群　　　　表2-2

| 类别 | 客户 | 客户特点 | 拓客方式 |
| --- | --- | --- | --- |
| 类别一 | 制造型企业老板 | 拥有数套住房,钟爱不动产投资,身边有一群上下游供应商的追随者 | 城市公司高层的亲自维护(尊崇感)/饭局营销(亲近感)/异业合作(深度) |
| 类别二 | 批发型快消品老板 | 拥有数套住房,受益于不动产投资,有领袖型气质,乐于助人,爱帮助身边人选房 | 频繁走动/用心挑选每一套房/上门解说服务/企业内宣/异业合作 |
| 类别三 | 房地产从业人员 | 不需要产权方面的教育,钟爱地段好的公寓产品,小圈子内喜欢抱团购买 | 营销总监挂帅/饭局营销/转介到位/半层或整层预留 |

续表

| 类别 | 客户 | 客户特点 | 拓客方式 |
|---|---|---|---|
| 类别四 | 金融领域高管 | 有着一定的理财观念，身边有庞大的理财客户资源，对不动产投资有着独到的见解 | 异业合作/转介到位/特定户型预留 |
| 类别五 | 公职退休人员 | 对养老型、高端公寓较为钟爱，喜欢和老同事一起养老居住，但大多会远离原城市 | 陪伴式老带新 |
| 类别六 | 拆迁的私营企业 | 对地段、规模、办公有很强的需求，对比区域内写字楼产品 | 高层出面/个性化需求解决（持续性）/专属折扣 |

## 第九节　街铺产品拓客精细化

互联网时代，实体经济遭遇很大的冲击，曾经风光无限的商铺产品不再是最佳的投资品（四五线城市和部分社区商业除外），几年前我们还可以卖未来和前景，甚至可以卖"回报率"，但现在老百姓对商铺的投资异常谨慎。

以前渠道人员对街铺客户尤其是投资客还是比较有经验的，但是这两年甚至未来五年我们需要做好海量拓客的准备。

笔者给大家的建议是，首先要拓展"改善及再改型"客户（图2-19）：

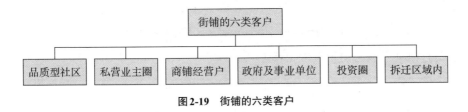

图2-19　街铺的六类客户

### 1.品质型社区

品质型社区内居住的基本上是改善和再次改善型客户，所以针对此类社区的拓客是必不可少的，关于社区内拓客本书在前文已经重点着墨阐述。

### 2.私营业主圈

拓展私营业主圈主要的方向是商会，渠道人员进入商会的时候一定要注意：必须进入商会核心圈！从商会领导和秘书长处入手效果最佳。此外，还可以通过异业联盟的形式获取一部分高端企业主的数据库，如企查查、豪车俱乐部等。

### 3.商铺经营户

一定要到成熟的商业区找到优质的商户，他们经过长时间的积累有了一定的资本，或者有开分店的打算，经营户转商铺自营户是顺其自然的事。

### 4.政府及事业单位

尤其是在三四线城市中，政府、事业单位等成为购房主力军，他们对城市的规划前景非常熟悉，而且投资意识更强。

### 5.投资圈

投资圈的客户是最容易寻找的，因为他们存在的平台具有高度定向性，他们要么是银行的高净值客户或私行客户，要么存在于证券公司或保险公司里，高度敏感的投资意识让我们望其项背，但拓展此类客户的前提是商铺一定要有极具说服力的投资回报率！

### 6.拆迁区域内

每次大范围的拆迁都能缔造很多"百万富翁"或"千万富翁"，他们获取了大量现金之后，第一步肯定是寻找新的居所，如果还有剩余现金的话，他们会选择另外一种投资渠道。

通过我们对以上客群的分析，可以总结出街铺拓客的七大要点（图2-20）：

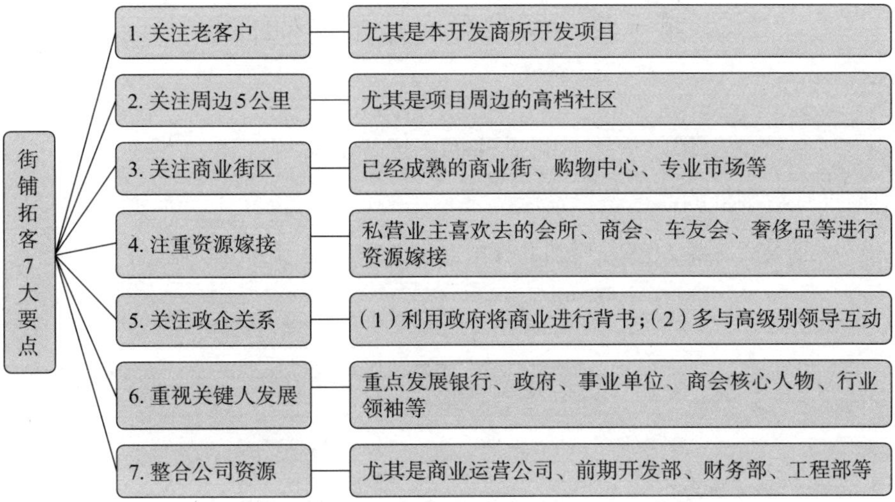

```
                    ┌─ 1. 关注老客户      ── 尤其是本开发商所开发项目
                    │
                    ├─ 2. 关注周边5公里   ── 尤其是项目周边的高档社区
                    │
  街铺              ├─ 3. 关注商业街区    ── 已经成熟的商业街、购物中心、专业市场等
  拓客              │
  7                 ├─ 4. 注重资源嫁接    ── 私营业主喜欢去的会所、商会、车友会、奢侈品等进行
  大                │                        资源嫁接
  要                │
  点                ├─ 5. 关注政企关系    ──（1）利用政府将商业进行背书；（2）多与高级别领导互动
                    │
                    ├─ 6. 重视关键人发展  ── 重点发展银行、政府、事业单位、商会核心人物、行业
                    │                        领袖等
                    │
                    └─ 7. 整合公司资源    ── 尤其是商业运营公司、前期开发部、财务部、工程部等
```

**图 2-20　街铺拓客的七大要点**

以上七大要点中的大多数无须深入阐述，我们重点讲述第五点和第七点。

商铺是城市的"颜面"，政府非常关注商业街的经营和未来发展，因此，我们需要多借助政府的力量为项目背书，提升投资客的信心；另外，在一些中小型城市中，渠道人员是无法触及商铺客户的，此时，需要借助房企领导的关系网，多与高级别的领导互动，发展关键人，多介绍一些当地经济状况较好的人认识。

全员营销是商铺项目的隐藏销售员，房企作为房地产开发的上游企业，企业自身或接触的第三方大多是城市的精英阶层，比如商管公司接触的各大商家，财务部接触的银行客户经理，工程部接触的各大材料商等，均可以成为商铺的投资客。

## 第十节　写字楼产品拓客精细化

写字楼的销售难度是有目共睹的，因为其客户需求与普通客户不同，他们投资写字楼的需求是：资产配置！当然，写字楼存在一部分自用客户。

目前资产配置类的客户到底在哪里呢？我们作出如下判断（图2-21）：

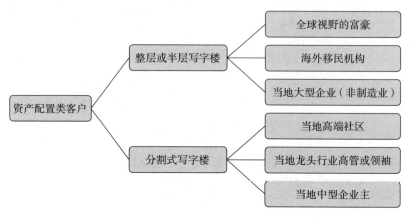

图2-21　资产配置类客户的特点

具有全球视野的富豪，尤其是早期在本城市后来又把企业搬迁到经济强市的企业主往往是购买整层或半层写字楼的主力，但他们一定不是制造业的企业主。这些富豪在国内已经获得了空前的成功，大部分人开始布局海外市场，所以渠道人员可以与海外移民机构合作，从而获取类似的客群。

分割式写字楼的购买人群应该等同于"再改"或"豪宅"住区的业主，他们基本上是当地龙头行业的高管或领袖，有的是中型公司的企业主，所以走商会路线或税务路线同样可以找到他们。

综上所述，我们可以总结出写字楼产品的拓客六要点（图2-22）：

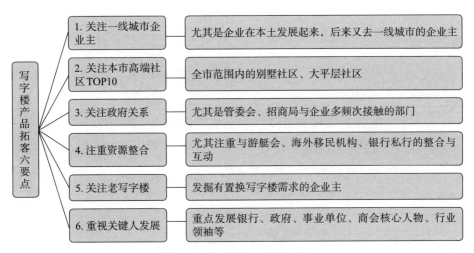

图2-22 写字楼产品拓客六要点

我们可以把上图进行高度提炼：发展豪宅项目营销人员作为关键人、重点嫁接移民机构和留学机构、老写字楼商户拜访、异地（一线城市）拓客、嫁接政府的税务资源等。

苏州金鸡湖东有一栋地标性建筑——九龙仓国金中心，该项目只能整层或半层销售，总价区间4000万～8000万元，项目渠道策略非常简单：

（1）把苏州老牌豪宅如苏州桃花源、御园、湖滨四季等项目的置业顾问和渠道人员全部发展为关键人；

（2）借助政府的力量，以自贸区为契机，与园区招商局和管委会联动，作为政府招商的主要地点；

（3）该项目主要竞品为苏州中心，把苏州中心的招商负责人发展为关键人；

（4）与苏州高端移民机构、留学机构合作，每月尤其是6月和7月作为重点推介月；

（5）拜访苏州老牌写字楼，尤其是面积在500平方米以上的企业，通过政府和关键人寻找到公司法人；

（6）到上海拓客，通过上海分公司的资源，获取老业主、老商户的资料，进行定向推广和宣传；

（7）与税务部门合作，筛选出全市前200家纳税大户，如果销售不成功，便打入企业的圈层；

（8）重点布局全市TOP5的五星级酒店，通过酒店销售部、会务部获得外地及本地知名企业的名单；

（9）总经理亲自挂帅，亲自宣导项目，并且要求各部门一把手分享高端资源。

# 第三章　大客户拓客精细化

大客户拓客已然成为当下房地产传统渠道中的主流形式，我们希望通过大客户圈层拓客找到更加精准的客户，但遗憾的是，众多地产人对"圈层"的理解过于狭隘，认为自己的层级无法企及。其实，我们每个人都是圈层的一分子，精细化思维会让我们的大客户拓客更加顺畅。

## 第一节　大客户五大能力塑造

大客户拓客模式虽然在房地产营销界运行十余年了，但至今业内对其都存在巨大的争议，因为它存在着"见效慢、资源杂、难接触、费用高"四大劣势，但凡是把大客户模式做成功的渠道人员却得出了"长期有效、费效很低"完全相反的结论。

事实证明，大客户模式是传统渠道的"幸存者"，而且一定是坚持到最后的模式。

### 1.大客户经理工作重点

从工作职能上看，大客户经理的工作只有两大模块：资源整合和数据激活（表3-1）。

大客户经理工作两大模块　　　　　表3-1

| 工作模块 | 管控要点 | 资源类别 |
| --- | --- | --- |
| 资源整合 | 资源筛查、优质资源嫁接、资源有效入、低成本 | 各大商会、品牌数据库、高端职业、全民经纪人等 |
| 数据激活 | 潜在客户描摹、策划思维、新媒体工具 | 传统数据库激活、私域流量运营、抖音等平台数字化获客 |

我们需要明白一个道理，低阶渠道是拓展一个人，讲究的是点对点的拓客；中阶渠道拓展的是一群人，讲究的是人与组织或人与圈层之间的关

系；而高阶渠道拓展的是一类人，强调的是通过一种手段或一种工具找到同一个平台上的一类人。

比如我们到某工厂去拓客，那么我们通过关键人找到了这个工厂的所有员工，属于低阶渠道；我们找到银行大客户经理，找到的是精准的投资客，这样的拓客方式属于中阶渠道；如果我们利用互联网手段，找到海量的商旅型客户，找到同样喜欢旅游的高端客户，找到珠宝协会的数百位老板，这就属于高阶渠道，代表了房地产渠道的最高水准。

笔者曾经无数次问渠道人员一个问题：如果你想撬动全区域的工厂资源，你应该找哪个机构？

这个问题其实不难，答案是区总工会和街道办。但很多人却回答"区工商联"，虽然同样可以达到目的，但我们一定要明白两者之间的关系，简单地说，总工会代表的是工人的利益，工商联代表的是企业的利益。如果我们想比较容易地进入工厂，很显然以总工会的名义去合作更加便利。

这是一个常识问题，然而细节决定成败，作为一个大客户经理不仅要懂得专业，还要懂一些常识。

**2.大客户经理的五大能力**

基于以上我们对大客户经理的工作内容分析，可以得出新时代的大客户经理的能力模型（图3-1）：

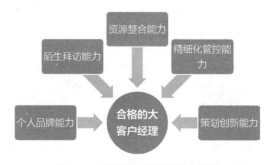

图3-1 大客户经理的五大能力模型

资源整合能力是大客户经理须具备的最基础的能力,非常容易理解;精细化管控能力本书在第二章也详细介绍过,此处不再赘述。

1)陌生拜访能力

陌生拜访能力是所有拓客行为的前提,每一位大客户经理需要打破内心的壁垒,笔者曾经做过一次试验:

> 某天,我打算认识一位生物医药公司的董事长,他是留美博士,曾经登上过湖南卫视某节目。为了不那么唐突,我决定通过政府招商局的朋友引荐。结果我的朋友反馈他与董事长也只有一面之缘,只有通过招商局领导此事才能办妥。于是,我又委托朋友找到他的领导,经过一周左右的时间他答应帮我引荐。虽然答应我了,但是事情推进的速度很慢,在我的一再催促下,他帮我约好了时间,对方答应从美国回来之后见面。我仔细计算了一下,从我萌生念头开始到见到董事长,总共耗时27天。
>
> 后来,我再次做了一个实验:在不跟任何人打招呼的情况下,直接到他们公司找行政总监,第一天没有成功,被前台行政人员拦下,第二天我准备了合作方案再次拜访,结果等待了一个多小时就见到他了。

其实,陌拜并不是很难的事情,没有它,就没有后面的故事了……

在陌拜之前,我们需要的是划定拜访的范围(表3-2):

陌生拜访一级清单　　　　　　　　　　　　表3-2

| 客户类别 | 客户描述 |
| --- | --- |
| 大型企业 | 项目方圆5公里以内,企业效益良好,员工有较强的购买力 |
| 事业单位 | 项目所在区域的事业单位,有较强的购买力 |
| 优质商家 | 汽车4S店、大型购物中心、品牌商家等 |
| 优质资源 | 培训机构、医疗机构、金融机构、高端俱乐部等 |

续表

| 客户类别 | 客户描述 |
|---|---|
| 优质社区 | 客群居住的社区,尤其是品质较好的社区 |
| 沿街商家 | 项目周边做生意的私营业主 |
| 行业领袖 | 每个行业中的领袖人物,工商联一般会有名单 |
| 老业主 | 购买了公司之前开发的项目,对开发商品牌有一定的忠诚度 |
| 编外经纪人 | 竞争项目置业顾问及其他行业销售精英 |

有了拜访目标之后,我们需要准备四种物料:项目宣传物料(含电子物料)、定制化的礼品、异业联盟合作资源包和公对公的合作方案。

拜访转成交需要秉承以下六个步骤(图3-2):

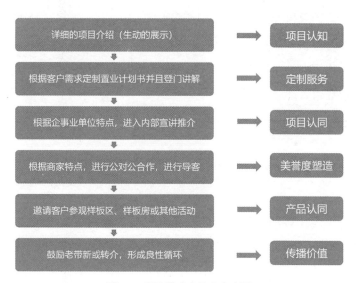

图3-2 拜访转成交的六个步骤

2)策划创新能力

渠道的发展趋势之一就是"渠道策划化",策渠本就是一家,而在精细化拓客时代,我们需要大客户经理具备简单的方案撰写和沟通能力,尤其是面对海量数据的时候,需要凸显出我们的数据激活能力。

笔者曾经和某银行信用卡中心合作，推出了"积分买房"活动，只要你持有该银行的信用卡，有多少积分就可以兑换多少钱的买房优惠额度，该银行还会自主地通过电子邮件、纸质信件、银行小程序等途径帮助我们宣传。

3）个人品牌能力

严格来说，个人品牌能力包括两个模块：私域运营能力和公域流量获取能力。一方面要善于运用社群营销，把数字化客户资产转变为买房客户；另一方面是善于运用抖音、快手、小红书等新媒体工具，捕捉到海量的公域客户。

很多人会质疑：这五大能力都具备的人应该被提拔为营销总监了吧？

不！新媒体时代的大客户经理具备这些素质已然不是一件高门槛的事情，如果是营销总监，还需要兼备项目策略制定、团队建设、策略实施保障等更高能力的集成。随着房地产行业回归理性，人员不断收编，对专业的要求会更高，要想在这个行业生存下去，我们需要快速弥补自身短板，成为顺应时代的新渠道人才！

## 第二节　资源分类与管理精细化

资源是渠道拓客的最基础资产，将资源分类可以有效提升拓客的效率，为拓客指明方向，为精准化拓客提供依据。资源分类越精细，渠道拓客越清晰！

资源的分类方式一共有六种：按目标客户的生活触点划分、按目标客户的职业分布划分、按目标客户所在圈层划分、按渠道团队人员所持资源划分、按开发商（代理商）所持资源划分以及按行政区域或城市板块划分。

笔者见过的资源整合较出色的团队是融创苏州城市公司，他们把资源划分为七个模块（表3-3）：

**融创苏州城市公司资源库** 表3-3

| 资源模块 | 规模 | 资源细项 | 主要功能 |
| --- | --- | --- | --- |
| 品牌资源库 | 50家覆盖20万人 | 国际、北京、上海、深圳等涉及金融、文化等领域的高端机构 | 品牌站台 |
| 圈层资源库 | 400家覆盖5万人 | 上海、苏州等涉及名媛、外企高管、董事长、俱乐部等高端影响力圈层 | 圈层事件 |
| 导客资源库 | 200家覆盖100万人 | 涉及教育机构、培训机构、体育机构、公益组织等领域的拥有批量会员的机构 | 批量导客 |
| 大客户资源库 | 600家覆盖100万人 | 财富机构、企业、餐厅、网站、会所、医院、科研、MBA等小众机构 | 精准高频导客 |
| 业主资源库 | 50家 | 上海、杭州、苏州等地的特色景区、特色基地、高尔夫、马术等机构 | 老带新精准导客 |
| 跨界资源库 | 10家 | 本来生活、大众点评、滴滴、高德、安居客等跨界资源 | 跨界导客 |
| 渠道资源库 | 200家 | 酒店、商超、社区、加油站、电影院、公园、邻里中心、酒店会议、游乐场、健身房等 | 品牌宣传 |

有了这样庞大的资源库，可以为该城市内所有开发的项目提供源源不断的客源，随时调用，为各项目提供了强有力的支持，同时也降低了费效。

近年来，笔者一直在倡导城市公司层面需要对资源进行分类和维护，但真正落实的房企并不多，这也是很多公司做大客户拓客失败的主要原因。

当然，如果城市公司层面无法完成这样庞大的工程，在项目上也是可以做成资源库的，不过，思维方式应该进行改变，一般项目上的资源库是按照开发商或代理商现有资源进行划分。

笔者曾经操盘的碧螺湾项目是一个远郊别墅盘，在运用圈层营销的时候也遭遇到很大的难题，为了让圈层拓客精准化，我们根据公司现有资源做了如下划分（表3-4）：

碧螺湾项目资源分类  表3-4

| 资源名称 | 资源细项 |
| --- | --- |
| 内部员工（一级资源） | 集团内部所有员工 |
| 供应商（一级资源） | 区域公司所有的供应商资源 |
| 业主（一级资源） | 城市公司近4000户老业主资源 |
| 关键人（一级资源） | 项目置业顾问自带的200多位关键人 |
| 文化艺术资源（二级资源） | 文化艺术类圈层资源（以前积累的资源） |
| 政府及事业单位（二级资源） | 政府及事业单位类圈层资源 |
| 商会及MBA资源（二级资源） | 上海交大、同济大学等资源 |
| 周边配套（二级资源） | 项目周边农家乐、核雕市场资源 |
| 外部资源（二级资源） | 代理公司的高端客户资源、内部员工资源和中介门店资源 |
| 整合型资源（三级资源） | 尽可能多地寻找"湖居合伙人"（关键人） |

该种分类方式的优势有三：第一，60%以上的资源都是公司现有资源，无需花费时间和精力去重新拓展；第二，资源有优先级，且目标明确，大客户团队工作起来针对性更强；第三，贯彻了精细化拓客思想，提升了来访转化率。

有了资源之后，我们来谈谈管理与维护问题。

资源方可以分为组织端和个人端两个端口，维护的方式不尽相同（图3-3）：

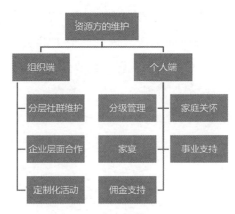

图3-3 资源方的管理与维护

针对组织端，我们需要针对每个组织组建社群，并且保持一定的活跃度；如果能够达成企业之间的合作效果更佳。笔者长期与特斯拉合作，特斯拉的很多员工和车主成为我们的业主。针对个人端，我们建议给他们划分为领袖级、活跃级和特长级进行分类管理，至于维护的细节问题本书在"关键人发展精细化"一节中进行了阐述，此处不再重复。

## 第三节 圈层营销理念的塑造

在谈圈层营销之前，大家需要思考一个很重要的问题：客群，能否满足当下渠道拓客的精准化要求？

笔者的建议是：圈层拓客，拓的不是一群人，而是一层人，因此叫"客层"会更加贴切！

**1. 分层拓客与传统营销模式**

我们回想一下传统的营销模式，业内称之为"业绩倒推法"，比如公司下达了卖200套的销售目标，按照80%的转筹率，需要认筹客户250组；如果按10∶1的转化比，那么需要导客2500组。于是营销总监需要把任务分配给各个端口：自然来访承担500组，自渠承担1000组，中介承担500组……然后再把各个端口的执行细则制定出来（图3-4）：

但是我们发现，2500组的来访很显然在人力、财力双重限制下根本是不可能完成的任务了，我们需要在精准拓客思想的指导下，找到细分的圈层，才能提升转化率。试想一下，我们将转化率提升一倍，客户的来访成本、维护成本、人力成本、推广成本等都会相对应地大幅度下降。

业绩倒推法：

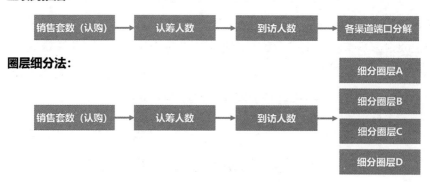

图3-4 业绩倒推法 VS 圈层细分法

### 2.客户分层拓客的实施步骤与要点

客户分层拓客总体来说，可以分为6大步骤：找圈层、找渠道、控领袖、办活动、立品牌和开放式沟通（图3-5）。

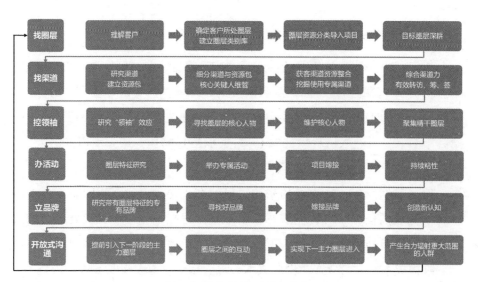

图3-5 客户分层拓客详细步骤

1）找圈层

首先我们需要根据项目的产品定位深刻了解客群定位，并且对客户画像有清晰的描摹，确定客户有可能会在哪几类圈层，研究如何进入圈层，并且尝试去接触圈层。如果圈层接触有误，要么客户画像不准确，要么圈层质量不高，这时候需要调整方向，前期犯一些错误在所难免，一旦圈层有良好的反馈，我们应该做好深耕圈层的准备。

2）找渠道

在进入圈层之前，我们需要明白一件事情：强行融入别人的圈层会显得尴尬无比！所以我们需要做好一系列准备工作，首要任务就是建立属于自己项目的资源包，而且一定要找到圈层内的关键人。关键人一开始拒绝我们也是正常的，那是因为我们提供的合作方案并没有得到对方的认可，此时我们需要引入多维合作机制，多针对对方的需求定制合作方案，从而达到进入圈层、吸引客户的目标。一旦有客户被吸引，不需要再行等待，因为对方已经知道我们是卖房子的，没必要遮遮掩掩，能够立即转访的抓紧追访。

3）控领袖

一个圈层内要想获得成功，必须让领袖级人物亲自参与甚至成为我们的业主，这个任务要是成功，比我们在圈层内部拓客一个月都有效。

4）办活动

活动是圈层导入的最佳方式，但是我们需要研究圈层的特点，最好多准备几份活动方案让对方选择，银行人士不一定喜欢理财类活动，老师客群也不一定喜欢教育培训类的活动，"对症下药"才能与对方产生持续黏性。

5）立品牌

这里的品牌可以是外部品牌，也可以是公司品牌，把资源方品牌和新的品牌联合在一起往往会起到"1+1＞2"的作用，更为重要的是，联合了新的品牌之后，自然而然就带来新的圈层。

6）开放式沟通

最后一个步骤其实是前五个步骤的重复，多圈层互动就会产生一个大家都向往的圈层平台，也同时缔造了一个新的圈层。所以我们常说：圈层的潜力其实是无穷无尽的！

案例：厦门世纪的客户分层之路

厦门世纪项目位于同安区，是一个临海高端住区（图3-6）。项目体量不大，只有150套房子，90%的产品是高层，因为项目定位和价格的原因导致首次开盘很不理想，只卖了10套左右。

图3-6　厦门世纪项目效果图

营销出了问题无非从三个角度去寻找答案：市场、产品和客群。

后来我们调整了思路，不再去海拓客户，而是采用分层的方式去寻找精准客户，为此，我们给项目重新定位了6类客层，分别是：有学识的富二代、有品位的独身女性、有人文修养的艺术家或老师、有品质追求的事业单位中层、有海景梦想的外地寻梦人、有实力和地位的在厦工作企业中层。

有了这样的客层定位还不够,因为我们还需要根据新的客层定位做好与之匹配的样板房:富二代喜欢的大横厅、独身女性喜欢的香奈儿主题样板房等。

另外,在企划推广端,我们也找了以上对应的客户拍摄短片,作为项目的"形象大使",通过短片的推广让客户产生共鸣。

以上营销策略制定完毕,大客户经理的工作就是根据精准的客层定位找到此类客户,为此项目还准备了一系列丰富的活动,如击剑、红酒品鉴、哈雷之夜、MBA跑团等,一年举办了44场圈层活动,导入了两千余组客户,单个客户来访成本约130元。

## 第四节　企业团购精细化

企业团购是圈层营销的一种形式,但是很多人却根本不懂如何做企业团购,他们最擅长的是到企业食堂门口摆放一个摊位,用礼品换取客户电话号码,导致效果很差,最后不得已撤出好不容易进入的企业。

进驻企业也是需要精细化思维引路的,我们总结了六个精细化要点(图3-7):

企业寻找一般有9种方法:普通寻找法、转介绍法、资料寻找法、委托寻找法、业主资源挖掘法、商会寻找法、地图寻找法、供应商挖掘法和"企查查"查找法。

无论是何种寻找办法,一定要秉持一个原则:唯有关键人的企业才是优质企业!

进入企业之前还需要准备一份重要文件:团购方案。这份方案里需要

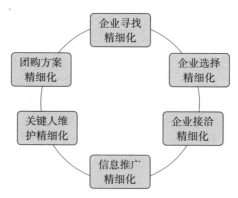

图3-7 企业团购六大精细化要点

解决两个问题：第一，如何让更多的人购买？第二，如何设置专属的优惠或者服务？

在激发员工抱团购买方面，我们提出四点建议（图3-8）：

图3-8 激发员工团购的四项策略

阶梯式折扣就是我们常说的"结邻计划"，团购的人数越多享受的折扣就越大，而且需要确保这个折扣是案场没有的，但一定要记得设置一个时间段，以宣讲后的一个月为宜；专属的服务指的是专门针对该企业推出的特色服务，如为期半年的低首付政策、交付之后为期一年的入室打扫服务等；一个企业内，领导的动向是常被员工关注的，如果领导也购买，会大大激发他们的购买热情；客户不购买还有一个原因就是竞品的干扰，我们需要提前准备好针对竞品的应对说辞和措施，通过高频的活动和线上交流拉近和客户之间的距离。

在和企业洽谈阶段，最好能获取官方背书，拿到盖了章的团购合作文件很大程度上能增加员工对此次事件的信任度。

进入企业之后，千万不要急着开展巡展或内部宣讲，而是要部署一系列的宣传工作，宣传的阵地有很多，比如企业内网、公司前台易拉宝、食堂宣传展架、活动赞助、员工宿舍宣讲、工会活动宣讲等。如果想达到最佳效果，最好是开展一次事件营销。笔者曾经带领团队去拓展苏州最大的一家装修公司，公司拥有一栋专属的写字楼和约3000名管理型和技术型员工，在进入企业拓展时正值酷暑八月，为了给宣讲造势，特意举办了一次"哈根达斯进企业"活动，我们联系好供应商特制了一批冰淇淋包装盒，盒盖上有项目信息和抽奖裂变二维码，以此告知大家我们将在某个特定时间举办宣讲活动。此活动开启之后的第三天，我们在员工大会上进行集中宣讲，后来又分别到各个部门去一对一宣讲，经过一周的努力，我们获取了800多位员工的联系方式，其中意向购房者60多位，宣讲之后的一个月内销售了近40套房子。

获取到员工的联系方式之后，如何组织看房活动促进成交将是工作重点，我们建议从以下四个方面重点部署（图3-9）：

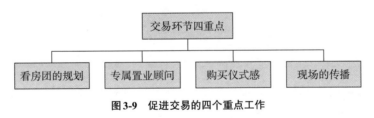

图3-9 促进交易的四个重点工作

我们一般选择周末的时候邀请员工集中看房，此时我们需要做好路线规划，就像公交车一样设置几个站点，并在专车上挂上横幅。员工上车之后，每个人发放简餐、矿泉水和代表独特身份的手环，以强调尊崇感，路上需要有口才很好且对区域规划很熟悉的置业顾问和员工互动，在轻松的氛围中抵达项目。

抵达项目之后，千万不要更换置业顾问，一来该置业顾问已经被员工们认识，二来方便渠道确认业绩，三来特定的置业顾问会更懂针对该企业的团购细则。

如果有员工现场购买，一定要开香槟庆祝，并且邀请同事们、营销管理层一起参加，让每个人都能沉浸在愉悦的购买氛围里。除此之外，我们还需要摄影师进行跟拍，除了员工转发短视频之外，还可以发到企业员工团购群里，让没有参加团购的员工依然能感受到现场的火爆。

看房活动结束之后，千万不要急于撤离企业，因为很多员工不可能在短期之内做出购房决策，我们需要继续为企业员工服务，以赠送下午茶、邀请观影、赠送水果等暖心的动作持续激发未购房员工。

综上所述，企业团购有四句话需要谨记：

(1) 如果没有关键人，企业团购宁愿不做！

(2) 如果没有公司层面的背书，企业团购失败一半！

(3) 如果没有多于7天的内部宣传或事件炒作，不宜做内部宣讲！

(4) 如果后期没有多于30天的跟踪和维护，等于白做！

## 第五节　顶级客户拓展精细化

何为顶级客户？本节特指的是身价上亿或者是购买的房产货值在几千万以上的客户。

此类客户是让渠道人员乃至营销总监最头疼的客户，因为他们的圈层很高，而我们又没有对应的财力或影响力去接触到他们。

没错，顶级客户的渠道难的不是客户地图，而是接触客户和导入客户。毕竟，顶级客户在这个城市的活动空间要比普通人小，想找到他们不是很容易的事。

比如他们基本上都是各大顶级会所或顶级品牌的"座上客"，或者会参加一些论坛和会议，就算这些地方我们无法拓展，他们最终都是要回家的，因此去深耕高端住区也是不错的选择。

由于我们的圈层影响力不够，只能通过借力的方式与他们取得联系，比如我们可以重点关注12种行业的服务人群（图3-10），最好能发展成为我们的"线索提供人"。

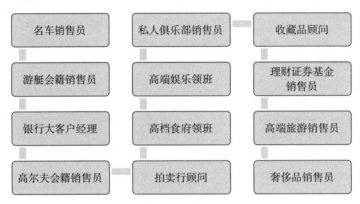

图3-10　能够接触到顶级客户的销售员

值得注意的是，以上人群只能是"线索提供人"，还达不到"关键人"这个水准，因为这些人群和我们一样，只是能够接触到客户而已，和顶级客户同样存在缺乏信任的问题。要想发展关键人，还需要从以下8种特定的人群入手（图3-11）：

图3-11　顶级客户信任的八类人群

凡是在一线城市做过室内设计的人都知道，其实亿万富豪并不高高在上，反倒很平易近人，一些顶级品牌的设计师帮助他们设计过不少房子，因此深得信赖；易经大师更不用说了，顶级客户已经成为他们的信徒；顶级客户一般都会有家族基金管理或公司顾问等方面的需求，我们可以找到银行界、学术界（一般是商学院）的知名人士与之合作。

不管是什么层次的富豪，都会很在意税务筹划和投资发展，因此政府的招商部门、税务部门和银行是他们常打交道的对象；此外，富豪们近年来乐衷于做慈善，甚至会以自己或公司的名字成立专项慈善基金，有时候慈善机构会做专项募捐，同样会邀请他们做定向捐助，此时正是渠道人联合举办活动的时机。

本书的第二章和第三章一共用15节的内容讲述了渠道的精细化管理和拓客技巧，也许很多人认为这很难，但我们想说的是：这就是趋势，这亦是必然，要想把房地产渠道做到极致，必须有极致的思想和极致的执行。如果想形成渠道的精细化思维方式，请务必谨记以下"CSWC精细化思维模型"（图3-12）：

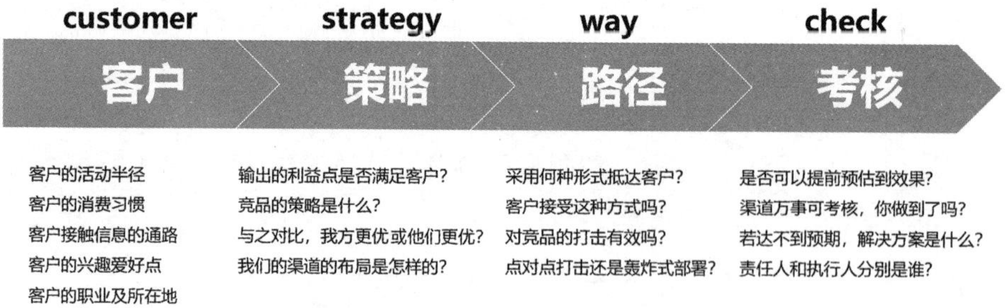

| **customer** 客户 | **strategy** 策略 | **way** 路径 | **check** 考核 |
|---|---|---|---|
| 客户的活动半径 | 输出的利益点是否满足客户？ | 采用何种形式抵达客户？ | 是否可以提前预估到效果？ |
| 客户的消费习惯 | 竞品的策略是什么？ | 客户接受这种方式吗？ | 渠道万事可考核，你做到了吗？ |
| 客户接触信息的通路 | 与之对比，我方更优或他们更优？ | 对竞品的打击有效吗？ | 若达不到预期，解决方案是什么？ |
| 客户的兴趣爱好点 | 我们的渠道的布局是怎样的？ | 点对点打击还是轰炸式部署？ | 责任人和执行人分别是谁？ |
| 客户的职业及所在地 | | | |

图3-12　渠道的"CSWC精细化思维模型"

## 第二部分 数字化拓客篇

　　数字化获客以势不可挡的姿态成为行业霸主,仅三年时间,几乎每一位地产人都成为新媒体人。如何利用好新媒体工具获取公域流量并且形成有效转化?这对地产人来说又是一个艰巨且必须攻克的难题!而我们的建议是:物尽其用的同时,更要人尽其才!

# 第四章　抖音起号与人设打造

在"全民抖音"时代,作为地产人应该做什么类型的账号能更容易变现?我们在认清自己特点的同时,需要善待自己的媒体,唯有尊重规则、寻找差异、发挥特长、善用技巧才是自媒体人应有的态度!

# 基础技能

## 第一节 "暴力"起号 vs 按部就班

每个人都希望自己的抖音号能快速增粉,奢望每一个视频都是爆款,但现实总会把我们的热情浇灭,大部分视频发出来之后阅读量在500～5000之间,辛辛苦苦做账号,但一年下来粉丝只有几千人。

在大家焦灼之际,网络上出现了很多关于快速起号的方法论,其中最出名的就是"暴力起号五步法"(图4-1):

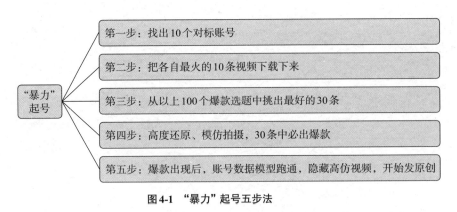

图4-1 "暴力"起号五步法

笔者带领团队尝试过这样的方法,也的确起到了一定的助推作用,但反馈效果远不及对标账号爆款视频的数据,后来我们逐步发现,方法和选题肯定是必不可少的,但是我们忽略了两个很重要的问题:第一,任何选题都是有时效性的,尤其是热点类选题;第二,主播的表现力在很多时候比内容本身更重要。

我们在运营过程中,发现不少博主尤其是中介的朋友,喜欢在"暴力"起号五步法之上再增加五种行为,分别是:

(1)视频内容粗糙,不重质量重数量,每天上传视频≥10个,甚至几十个,这是一种搏概率、引流量的行为;

(2)有急功近利心态,全网号召大家互粉,甚至买粉;

(3)运用轻抖App或轻草App里的付费增粉功能;

(4)粗暴搬运别人的视频和内容,没有经过二次加工;

(5)冒充客户在大V号的短视频评论区或者直播间内留言,以达到快速增粉的目的。

以上这五种行为都是典型的伤害账号的行为,除了第一种可以适当拉升账号权重之外,其他四种均会严重影响抖音后台对账号的判断。因为抖音官方早就发布了五类限流和隐形限流的行为(图4-2):

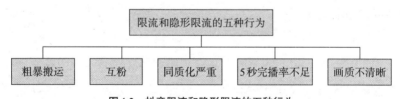

图4-2 抖音限流和隐形限流的五种行为

细心的用户会发现,抖音平台这几年以来在不断精进,对优质内容永远都是在鼓励的,而对粗制滥造、低俗不堪、言论不当的管控越来越严格。近年来不断被封的大V比比皆是,因此,我们既然想用这样的平台,就需要遵守别人的规则。

房地产从业人士已经把获客的重点阵地从线下转到以抖音为代表的线

上平台，我们卖的是数百万的房产，而很多快消品的短视频做得都比我们用心，这是值得大家深思的。我们应该秉持做好内容、大胆创新的精神去按部就班做好账号，笔者给大家的建议是（图4-3）：

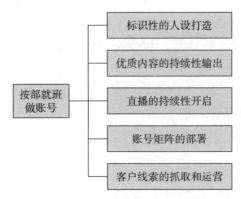

图4-3　按部就班做账号的具体体现

以上是做好抖音包括小红书账号最值得提倡的五种行为，本书在接下来的章节中会进行详细阐述。

我们分析了"暴力"起号和按部就班做账号的特点，可以得出这样的结论：如果你是内容型主播，请按部就班做好账号，毕竟账号是你的人设；如果你以销售为终极目标，以卖房子为核心，那么请以按部就班的态度加上"暴力"起号的相关技巧做账号。

在起号过程中，我们还会因个人号、企业号、蓝V号而困扰，下面我们就这三者的差异与大家分享（表4-1）：

大家比较关注的是直播权限问题，首先个人号要想开通直播需要满足两个条件：发布的短视频≥10条且粉丝量≥1000人（低于1000粉的个人号通过主播中心有时也能申请直播，但通过率很低），个人号直播必须本人出镜，让人难受的是你根本无法在直播间讲与房产、财经、投资相关的任何话题，否则后台会警告或封禁直播间；企业号允许挂小风车，这就说明你可以讲"微营销"，但也需要实名认证，而且谁认证就必须谁出镜；而蓝V号

个人号、企业号和蓝V号的区别　　　　表4-1

| 账号类别 | 费用 | 限流情况 | 需要资料 | 直播条件 | 主页福利 |
|---|---|---|---|---|---|
| 个人号 | 免费 | 一旦视频限流，波及整个账号，解除时间是7天到永久 | 个人手机号 | 有条件性开通，但不能讲营销 | 无 |
| 企业号 | 第一年免费第二年200元 | 一旦视频限流，波及整个账号，解除时间是7天到永久 | 营业执照、实名制、房产经纪备案书 | 可以挂小风车，但需要实名制直播 | 电话、数据分析、私信回复等 |
| 蓝V号 | 600元/年 | 只针对违反规则的单个视频限流 | 营业执照、实名认证、房产经纪备案书 | 可以挂小风车，无须实名制直播，员工号、字母号均可直播 | 蓝色标识以及企业号的所有服务功能 |

就完全不一样了，它有一定的营销豁免权，直播除了官方发布的敏感词和话题不能说之外，受限很小。

不过蓝V号有一个很大的弊端：昵称很难改！个人号和企业号可以根据大家的爱好起名字，但蓝V号尽量要求昵称是企业名称或者无限接近企业名称；如果昵称中想带有"房产"字样，营业执照上的"营业范围"中必须要有类似科目。只有一个办法能解决这个问题，那就是先按照喜好办理营业执照，在法律上把昵称锁定，以后在申请蓝V号昵称的时候就方便很多。

特别说明一下，一张营业执照可以申请两个蓝V号，每个蓝V号还可以绑定50个员工账号，这对那些想做矩阵账号的企业是非常有利的。开通员工账号的步骤是：打开抖音→我→三道杠→企业服务中心→促营收→账号中心→点击"+"即可添加员工账号，并且可以设置员工账号的相关权限。

此外，如果你属于重度营销类，均需要通过短视频和直播间卖房子，那么一定要一张在政府网站备案的"房地产经纪备案证明"，以获得合法的销售房屋的资质。

综上所述，笔者建议大家尽量开通蓝V号，每年600元的费用能够帮助我们省去很多麻烦。

## 第二节 房地产短视频的类别与账号定位

房地产短视频从使用功能上来说，可以大致分为三大类：第一类属于获客型短视频，以获取客资为核心目标；第二类属于泛流量类，以丰富账号内容、丰富人设、增长粉丝量为核心目标；第三类属于企划型短视频，以传播项目卖点、节点炒作、销售物料可视化为核心目标，多用于视频号。三大类型的短视频承载的作用是完全不同的。

对于分销和中介，获客型短视频自然是重点；对于想设立自身人设的账号，泛流量类和获客型短视频必须搭配发布；对于开发商策划人员来说，考量的自然是短视频的品质和卖点的形象化输出；对于开发商销售和渠道来说，又要回归获客功能！

**1. 房地产短视频账号的类别**

很多人认为房地产短视频乏味且无趣，但事实上房地产行业的短视频非常丰富，根据笔者研究，房地产短视频从形式上来说，可以细分为7大类或11个小类（图4-4）：

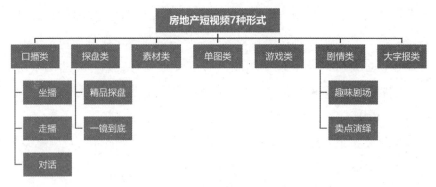

图4-4　房地产短视频的7种形式

1）口播类

口播类短视频是一种看似简单但是非常考验脚本、考验表现力的短视频形式，因为口播注重文字表达，能够吸引住客户看完几十秒乃至上百秒而且还要让客户留下客资，在抖音这样的娱乐平台中难如蜀道。但它也有无法替代的优点：容易拍摄、容易剪辑、容易批量生产，因此此类短视频成为很多博主的首选。

口播可以分为坐播、走播和对话三种形式，适用于讲述某个政策的解读、热点项目的分析、购房干货的输出等。口播看似是在输出内容，实际上是在输出情绪，因此，对镜头无法适应的博主不要轻易尝试。

2）探盘类

探盘类视频分为精品探盘和一镜到底两种，比如"点点看房"就是目前全国精品探盘的天花板，此类视频制作精良，从脚本打磨到剪辑成片不少于五天，因成本过高且营销痕迹过重，不太适用于抖音平台，但是房企策划部门会制作类似的视频用于视频号的推广；一镜到底因成本低、易产出被广泛运用于大V和中介博主中，观众看到的是短短的几十秒，但在拍摄之前主播的游走动线和说辞实际上已经演练很多遍了，此类视频要想获取客户需要着重于空间的介绍和高性价比。

3）素材类

有一些博主不愿意出镜，但也希望表达自己的某个观点，便可以采用纯素材剪辑的形式制作短视频，脚本内容则采用画外音的方式出现。此类视频多用于政策解读方面的内容，在获客方面收效甚微。

4）单图类和大字报类

这两种形式往往会被大家混淆，它们最大的共同点是时长很短，基本上控制在6~8秒以内，但随着大字报的不断发展，可以延长到30秒左右。

单图类只有一张图或者一段文字，只不过以视频的形式表现出来而已；大字报类短视频比较注重"顶通"和"底通"文字的撰写，视频基本上以短时间探盘为主。

这两类视频的优点很明显：素材容易获取、容易拍摄、容易批量剪辑、容易形成矩阵，最重要的是容易获取客资。

5）游戏类

房企有时候基于品牌宣传的需要比较喜欢做游戏类短视频，比如"你比划我来猜""谁是卧底"等游戏，内容创作难度很小，拍摄剪辑也很容易，唯一的缺点是获客难度较大。

6）剧情类

剧情类其实是最贴近抖音平台逻辑的表现形式，但创作难度比较大，而且对演员的要求极高，所以目前并不是房地产短视频的主流。以前有不少主播模仿周星驰、周润发等明星的风格，虽然带来一定的流量，但很难批量生产，不得不中途放弃。

**2. 房地产短视频的账号定位**

和房地产项目一样，我们在起号阶段需要明确账号的定位是什么。请问自己以下五个问题：

问题一：你想做全国性账号还是地方性账号？

问题二：你最终想成为知名大V还是想通过账号卖房？

问题三：你擅长以上7种短视频形式中的哪种形式？

问题四：你想通过短视频获取客资还是想通过直播间获取客资？或者二者都要？

问题五：你能够接受的最大尺度的改变是什么？

如果你想做一个变现型的账号，一定不要贪大贪多，而是要深耕你所在的城市；如果你擅长出镜，而且抖音平台也鼓励大家出镜，那么口播和探盘肯定是要做的；如果你是中介博主，又不喜欢出镜，可以尝试做大字报和微探盘；如果你还想通过直播间获客，请一定要想清楚：短视频和直播间是两个赛道，每个领域都有各自的方法论，而且直播间获客可能比你在街头地推更辛苦。另外，既然要开始做博主，就要接受改变，适当的服装改变、语言风格的改变等都是必需的。

基于以上的"五问"，我们总结出账号定位的"TPAPS"模型（图4-5）：

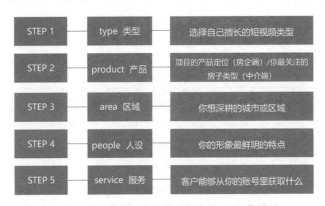

图4-5 抖音&小红书账号定位的"TPAPS"模型

在做任何自媒体之前，首先需要思考的是"我能做什么"而不是"需要我做什么"，选择自己最擅长的短视频形式比什么都重要；

其次，如果你是开发商端，需要在内容与表现形式上无限接近于项目的产品定位；如果你是中介博主，需要知道自己最擅长卖哪种类型的房子。如果你主攻刚需盘，那么要以价格（性价比）为主导；如果是改善盘，你需要知道各板块的产品梯度，还需要多讲一些政策类的知识；如果是豪宅盘，那么一定要让颜值和气质兼备的人出镜，以产品细节和生活方式为主；如果你卖的是文旅盘，应该多拍拍轻松惬意的生活方式以及该项目所在城市出台的新政策；如果是公寓盘，要着重讲讲地段及配套，为投资客树立信心，当然，轻松愉悦的剧情类短视频更受欢迎。

基于以上的理论，我们给大家一个很简单的账号定位公式：

城市名（或区域名）+你的名字+房产

比如你在上海，账号名称可以定位为：上海月月说房产、魔都月月探盘、魔都月月说别墅等。如果你做的是全国性账号，把前面的城市名去掉即可。

最后，我们针对不同的身份维度，为大家提供不同的账号建议（见表4-2和表4-3）：

开发商端：

开发商端短视频建议　　　　　　　　　　　表4-2

| 平台名称 | 短视频形式 | 目的 |
| --- | --- | --- |
| 视频号 | 精品探盘、卖点演绎 | 宣传推广、营销道具可视化 |
| 抖音（蓝V号和员工号） | 口播（坐播和走播） | 宣传推广、获取客资 |
|  | 卖点演绎（剧情类） |  |
|  | 探盘（一镜到底） |  |
| 抖音直播 | 每天2～4小时直播 | 获取客资 |

分销&中介端：

分销&中介端短视频建议　　　　　　　　　表4-3

| 平台名称 | 短视频形式 | 适用人群 |
| --- | --- | --- |
| 抖音号（蓝V号和员工号） | 口播（三种形式皆可） | 表现力较好且有一定专业能力的人 |
|  | 探盘（一镜到底） | 具有一定表现力的人 |
|  | 单图类或大字报类 | 不善出镜的人 |
| 小红书 | 二次加工以上视频 | / |
|  | 图文 | / |
| 抖音直播 | 每天2～4小时直播 | 表现力较好且有一定专业能力的人 |

## 第三节　抖音&小红书账号人设的打造

什么是人设？很多人认为：人设=IP。

笔者认为这是对人设的狭隘理解，我们需要认清一个事实：99%的自媒体人是无法形成IP的，抖音平台上拥有几十万粉丝的地产账号也就不过几万人，我们既然无法成为IP，那就踏踏实实做一个真实的、有血有肉的人！你是一个人，既然是人，那人物形象应该是丰满的，你可能是专家，可能是女神，但请你走下神坛，做个有烟火气、真实的人！

因为没有人愿意听你像老师一样说教，也没有人愿意听一个顶着"专家"名头的人胡乱点评，记住：你的形象越不真实，客户就离你越远！

在账号形象设计方面，有哪些要点可以成为我们的人设呢（表4-4）？

**可以辅助成为人设的六类形式**　　　　　　　　　表4-4

| 类别 | 表现形式 |
| --- | --- |
| 拍摄环境 | 昏暗、泛黄（港派）、深夜等 |
| 背景类 | 纯色（黑、白、绿、蓝）、书架、工作室、LED做的logo、PPT等 |
| 主播外形 | 美女、胖子、一颗痣等 |
| 道具类 | 夸张茶杯、帽子、墨镜、面具、宠物、奇装异服等 |
| 内容表现 | 说相声、说脱口秀等 |
| 表达形式 | 犀利、幽默、顺口溜、打油诗、方言等 |

给大家三个关键词"胖子夫妻、港风、闽南歌曲BGM"，你的脑海里想到的一定是抖音大V"冷少"；再给大家三个关键词"后宫风、撩人、川妹子"，我们会想到"艾熙撩房"，这就是人设的魅力。

比如"所长林超"所有视频的背景是科技风；"好房课代表"的主播喜欢在夜晚的街头拍摄；"抖音女黑客"一直穿着黑色的衣服戴着口罩出镜；"崔

磊"喜欢在口播的结尾处念一首打油诗;"全说商业"每个短视频开头都习惯称大家为"哥几个";"杭州白鲸看房"的主播一直穿着管家的衣服,称呼大家"总裁";"老表探盘"最大的特色就是用河南方言播报,并且脚本爱押韵……

所以,对于初期做号的人来说,人设可以简单地理解为"你的标签,用户的记忆点"。

那么,我们在做房地产类账号时,应该如何打造自己的人设呢?这里为大家推荐五种打造个性化人设的方法(图4-6):

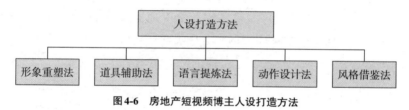

图4-6 房地产短视频博主人设打造方法

### 1.形象重塑法

在谈形象之前,我们需要思考一个重要问题:我们想给客户展现什么样的形象?如果特别专业,特别像说教,客户不喜欢;如果特别哗众取宠,获取的客户又不精准。这个尺度是很难拿捏的。

我们想一想小米的雷军,他很少西装革履,反倒会身穿T恤示人,但不影响我们对他权威的认可,所以我们一定要记住:你是否专业,与衣着无关,与你的内容有关。短视频博主一定要给人亲近感,拉近与用户的距离,用户才愿意靠近你。

另外,我们还可以借鉴一些经典形象,比如你想体现专业,可以用"风清扬""扫地僧""东方不败"等武侠人物;如果想稍微幽默一点,可以模仿周星驰电影或其他电影的经典桥段。

也许有些人会问:做回自己不也挺好吗?

的确,做自己是最真实的,但是要知道,全国地产人都在做自媒体,为什么你可以出众？当你成为大V的时候，你才有资格去做自己。

**2. 道具辅助法**

如果我们相貌平平，没有"点点看房"的主播那样的颜值，没有"大胡子说房"主播的天然优势，运用一些特殊的道具是便捷的手段。

比如我们可以一边撸猫一边口播，为了卖远郊别墅，站在羊群边上口播；也可以像"N小黑财经"的主播那样，身穿红色带专属logo的T恤、手拿大茶缸讲财经；还可以像"早安说房"的博主在录制某一期视频时坐在轮椅上，让人忍俊不禁（图4-7）。

图4-7 巧用道具丰富人设的博主

**3. 语言提炼法**

语言提炼法可以细分为四个小类：称呼、开头、结尾和语言风格。

在称呼方面，很多抖音博主会称大家"家人们哪""哥几个""总裁"等特殊称谓；在开头，5秒内矛盾前置之后直接说出你是谁，比如"南京红哥探房"的故意说辞是"我是在南京卖房子的，说说我观点"，"小Lin说"的博主每期视频的开头都以暖暖的笑容跟大家打招呼"Hi"；结尾处可以再次用标志性语言丰富你的人设，比如"小A学财经"每个视频结尾都会说一个英文单词"respect"，"潮迅评房"也一样，结尾处会说"潮迅评房，不止说房"。

**4. 动作设计法**

动作设计法是这五个方法中最难的，因为我们不可能在录口播的时候永远有肢体语言，过分的动作会引起观众的不适，所以我们只能适当地加一些标志性动作。

比如汽车类账号"毒辣车评"和房产类账号"诚德地产观"的两位主播采用的是问答方式的口播，当回答问题之前，总是会做出一个"要钱"的手势，提问者会给他们100元钱。上文提到的"小A学财经"在说"respect"的时候也会俏皮地来一个敬礼的姿势，这些动作完美地融入语言中，不生硬、不做作，风趣而不落俗套。

**5. 风格借鉴法**

"风格借鉴法"主要体现的是拍摄与剪辑的功底，比如我们熟知的王家卫导演的"花样年华"风格，刘伟强导演的以黑白灰为主色调的"无间道"风格，中国大陆的"甄嬛传"风格等均会给人留下深刻的印记。

## 第四节 抖音封面及主页打理技巧

账号的封面和主页相当于线上售楼处，有不少博主不太关注形象问题，但试想一下，如果一个项目的售楼处做得杂乱不堪你愿意进去吗？你愿意在这个售楼处买房吗？

如何保持账号的高端形象？只要遵循售楼处的打造原则就可以了：特色鲜明的建筑风格、识别度高的标识系统、卖点分明的展示区域和触及利益的销售氛围。

**1.账号封面的打理技巧**

首先来谈谈封面的打理，为此我们提出三大原则（图4-8）：

图4-8　账号封面设计三原则

1）风格统一原则

封面的风格多种多样，但无非就是文字与图片的排列组合，有的是以文字为主，有的则以图片为主，无论何种风格，我们都建议风格要相对统一。

为什么是相对统一？我们发现，有很多博主过分强调封面的一致性，导致进入主页之后，看上去有很强的压迫感，没有再继续看下去的欲望。

有一种很简单的视频风格非常适合初做账号的朋友，那就是"上下文字、中间视频"这种排列，上下均为黑底黄字（或黑底白字），拟一条不超过8个字的标题，中间放置视频中表情和动作都还不错的定帧画面（可参考抖音号"魔都大阳姐"）；也可以学习"泉哥说房产"，上下均为黑底无字，而是把标题用黄底贴在视频上，醒目且有序（图4-9）。

此外，"三联型"封面让页面更加整洁，唯一的缺点是适用于长视频；如果大家看到账号页面中的封面在闪动，这种情况要尽量杜绝，只要把封面的图片格式放置在视频的第一帧即可。

2）标题醒目原则

对于封面来说，标题的吸引程度要比图片高得多，当然，颜值高的美女形象除外。封面的标题很显文案功底，此内容本书将在第五章进行深入阐述。

图4-9 左为"魔都大阳姐"封面 右为"泉哥说房产"封面

3）配图强吸引原则

封面上配置什么样的图与账号定位有关，如果你想塑造成IP，那么尽量以个人形象为主画面；如果想突出产品特点，最好配上人物与场景的合照；如果仅仅是拓客型视频，可以选一处样板房或景观的照片铺满整个封面，但标题需要明显突出。

如果是推广型短视频，大家可以借鉴"房琪kiki""点点看房vlog"和"小Lin说"的封面；如果是获客型短视频，则可以借鉴"房联社""地产酵母"和"海南大超说房"的封面。

**2. 账号主页的打理技巧**

账号主页展示区分为五个部分：背景图片、个人介绍、功能组件、合集显示区和视频展示区，它们相当于售楼处的内部，对于获客来说是在解决信任度问题,大家务必要重视。简单的主页,却需要承载六大重要功能(图4-10)。

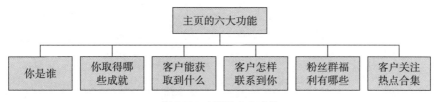

图4-10 主页的六大功能

1)背景图片

背景图片上一般只包含两个信息:你是谁?你能解决什么问题?

比如"地产酵母"的背景图片文案是:关注我,助力财富增长,为你的资产护航!"福州祖平说房"文案是:怕买错房找祖平,1对1全程陪伴式指导。"大胡子说房"文案是:你身边的房产专家,关注我私信咨询购房问题。

2)个人介绍

个人介绍一般是4~5行字,每行字最好控制在10~18个字之间,最多告诉大家三个信息:身份+成就+引导联系(或粉丝福利)。

"地产酵母"的个人介绍是:全球资配招募全国事业合伙人,15年地产人,曾任500强营销总,百亿操盘手,安居好房创始人:一二线资配、豪宅大宗交易;房之星MCN创始人、世居海外CEO。

"大胡子说房"的个人介绍是:有任何房产相关问题都可问我,李俊怀,大胡子说房创始人,十余年房地产经验、全国城市研究专家。关注我,在你人生最重大的选择上,一定能够帮助到你!

"易链苏州好房"的个人介绍是:10年地产人,在苏州帮200位朋友安家置业!【专业】精通苏州板块和新房信息;【咨询】说真话,讲干货,深度剖析,解答置业问题;【服务】10项终端服务,一次服务终身朋友;【宠粉】私666送苏州买房避坑资料。

3）功能组件

功能组件一般有"进入橱窗""粉丝群""专属会员""直播动态"等功能，设置方法如下：

进入橱窗：三横按钮→抖音创作者中心→全部→电商带货（需实名认证、视频≥10条、粉丝≥1000人）→立即加入电商带货。

粉丝群：首先需要发视频并且做几场直播，否则无法进入主播中心。三横按钮→抖音创作者中心→主播中心→更多功能→粉丝群→立即创建粉丝群。

4）合集显示区

合集是很有用的营销道具，可以根据客户最关注的核心问题设置关键词，然后创作成批量视频，便于客户观看，提升客户信任度。不过，开通合集功能是有门槛的，需要粉丝量≥10000人。

为了更加引起客户的关注，合集关键词建议为：买房避坑、学区房攻略、购房技巧、地铁房攻略、热门楼盘、严选好房等。

合集的设置步骤是：电脑端打开抖音网页版→合集管理→创建合集→输入标题→添加三个以上视频作品→创建按钮。

5）视频展示区

视频展示区中的"置顶视频"一般不用于讲解专业知识，而是拍摄一段视频讲述你的经历和成就，或者是通过拍摄业主访谈给你的专业或服务背书。

## 第五节　对标账号的选择与研究方法

首次做自媒体的人千万不要自视过高，尤其是对于抖音和小红书这样的账号，需要掌握的不仅是流量密码，更需要掌握获客密码，因此我们需要根据自己的需求去选择适合自己的对标账号。

对于初学者来说，首先要掌握的是流量密码，在做账号的前三个月需要明白自己的流量缺失在哪里，同行是如何获取流量的，网络上有一套寻找对标账号的方法论（图4-11）：

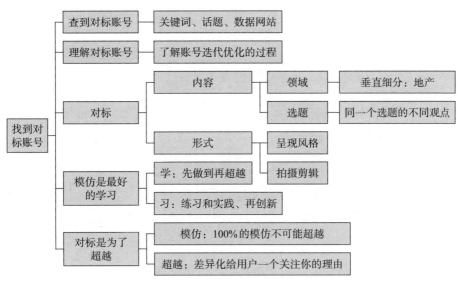

图4-11 寻找对标账号方法论

## 1.对标账号的寻找方法

对标账号就像是我们的自媒体导师，我们应该时刻关注他们的动向，尤其是他们的账号定位、人设设计、口播选题、脚本设计等，找到好的老师可以让我们的流量事半功倍。

对标账号有五种寻找方法（图4-12）：

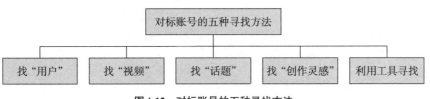

图4-12 对标账号的五种寻找方法

1）找"用户"

操作步骤为：打开抖音→点击右上角放大镜→输入"城市+房产"→点击"用户"。

页面上会显示你所在城市的大部分大V抖音号，关注粉丝量、点赞量最高的前10个账号。

2）找"视频"

操作步骤为：打开抖音→点击右上角放大镜→输入"城市+房产"→点击"视频"→打开右侧漏斗→选择"最多点赞""一周内"→点击相应爆款视频进入对标达人主页。

3）找"话题"

操作步骤为：打开抖音→点击右上角放大镜→输入"城市+房产"→点击"话题"→找到播放量最高的话题点击"立即参与"→从高爆话题的视频里找到对标达人。

4）找"创作灵感"

操作步骤为：打开抖音→点击"我"→点击三横按钮→抖音创作者中心→全部→创作灵感→创作热点→全部垂类中选择"财经"、时间选择"近七天"→低粉爆款榜。

5）利用工具寻找

以上是传统的四种方法，很多达人利用的是"巨量算数"和"抖音热点宝"两大工具。我们以"巨量算数"为例：

操作步骤为：打开抖音→点击右上角放大镜→输入"巨量算数"并点击进入→在关键词中输入"城市+房产"→点击"关联分析"→找到最热门的几个关键词→点击"关键词指数"→在最上面"添加关键词"中输入刚才的关键词→绿色的线条代表抖音指数，点击小红点→出现当天最热门的作品链接→进入主页面→找到涨粉最高的博主→设为对标账号。

**2.对标账号的研究方法**

对标账号找到之后,我们不能一键关注了事,而是要重点研究该账号,那么,对于对标账号我们应该从哪些方面进行深入研究呢(图4-13)?

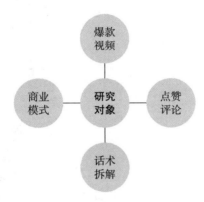

图4-13 对标账号的四大研究对象

1)爆款视频

为了获取流量,我们首先要研究的是对标账号的爆款视频,尤其是涨粉量暴增的视频,我们要研究他们的话术、讲该主题时的背景、热点是否关联、标题和配文如何撰写,甚至可以用相关App分析它们是几点发布的,每个时段的阅读量情况和涨粉情况。

记住:一定要研究20~30个类似的爆款视频,做成表格进行逐项分析,找到规律。

2)点赞评论

找到对标账号中爆款视频和非爆款视频之间的差异,点赞量的差异点在哪里,评论区的互动情况与评论多或少的原因。尤其是对于那些评论较多的视频再次剖解,因为评论多说明客户看得很仔细,同时也说明该视频的某一个或几个点引发了热议,很多时候,评论的多少与留资的多少成正比。

还有的视频被"骂"成爆款的,有人说"黑红"也是红,其实这是不对的，如果主播总是被"骂"，长期下来，客户会对主播的信任度降低，这种情况多数是主播在哗众取宠，虽然有流量，但不可多发类似视频。

3）话术拆解

对于想拆解的视频，可以在视频右下角找到"转发"按钮，点击"复制链接"，然后把该链接复制到清抖App中的"文案提取"，点击"一键提取文案"即可。

优质的视频重点看前5秒和后5秒，把这些话术摘抄下来，作为我们以后写作的范本，但值得注意的是，脚本固然重要，更要关注主播在说这些话时候的情绪，不同的主播说同一段话效果完全不同，没有情绪的表达是没有灵魂的。

4）商业模式

不同的主播商业模式不同，其讲述的内容自然不同，这就是本章第二节讲的"账号定位"的意义所在。现在市面上房地产类账号共有五种盈利模式（图4-14）：

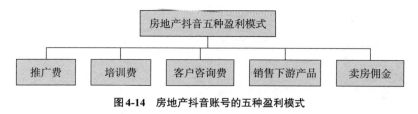

图4-14 房地产抖音账号的五种盈利模式

其中"推广费"和"培训费"是面向B端的。"推广费"是全国性大V喜欢做的事情，尽量把影响力做大，赚取开发商的广告推广费；"培训费"主要是自媒体导师的主流方式，通过教会大家做好自媒体赚取的费用。

后面三种盈利模式都是基于C端的。"咨询费"是向购房客户收取的，一直服务到客户签订商品房买卖合同；"下游产品"指的是装修服务和贷款服务，他们依然以流量为主，通过专业的分析与判断形成客户流量池；"卖房佣金"是大部分分销公司和中介公司的商业模式，通过短视频和直播获取客户。

以上几种模式没有好坏之分,关键看主播的特长和资源,一般来说,"推广费"是很难赚的,其背后大多有专业的MCN机构在助推,"客户咨询费"只有在经济强市中才行得通,90%以上的博主会通过卖房收取佣金的形式做账号。

**3. 获客型账号的研究**

以上我们讲述的是如何通过对标账号来赋能自己的账号,从而获取更多的流量,但对于渠道人员来说,研究获客型账号才是王道。

怎样找到获客优质的账号呢?其实抖音后台早就为我们准备了排行榜,只要打开企业版抖音,登录电脑端后台,找到数据分析,点击线索榜,再找到房地产门类即可,该榜单显示了房地产类账号直播获取客资的头部账号。

大多数账号是通过直播获取客资的,当然也存在像"房老张"这样不太依赖直播获客的账号,因此,我们在研究类似账号时更加需要研究其直播间的技巧,如直播时间、直播时长、直播主题、直播话术(暖场话术、引导话术、停留话术等)、直播运营技巧等。

在我们研究并学习的过程中,一定会遇到"模仿但无效"的情况,在这个时候不要轻易否定自己,一般是两种情况所致:第一,主播的情绪表达出了问题;第二,我们尝试的时间不够长,建议保持每天开播一次、每次至少两个小时、持续90天左右,这时你会发现直播间最高在线会从初期的20~30人上升到60~80人,再次提升到100人左右,如果直播间达到这个人数且能够稳定,那么你的直播间就成功了。

# 进阶技能

## 第一节  心法一：如何通过账号定位寻找到精准客群？

通过账号找到精准的客群是无数地产营销人的终极目标，于是，有很多同行想通过刚需号、公寓号、豪宅号、探盘号等分类的方式以达到吸引对应客群的目的，但实际在运用过程中效果并不明显，问题出在哪里呢？

因为我们总是妄图通过一个账号去解决所有问题！

所以，做一个差异化、IP化、精准化的抖音短视频矩阵才是正确之路。如何做？在阐述这个问题之前，我们先给大家介绍起号之前的工具，名为"四库工具箱"（图4-15），因为这个工具对精准地找到客群非常重要。

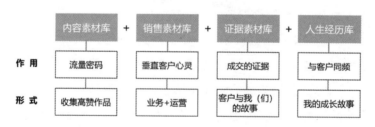

图4-15  精准起号"四库工具箱"

**1. 内容素材库**

刚刚起号的抖音号，每天至少刷半个小时，给房产话题点赞、评论，把这些视频的优秀选题都记录下来，尤其是能获得信任度极高且不返佣的账号；同时，还可以多关注小红书、视频号、快手等同类型账号，也同时做好分类记录。

重点关注粉丝在评论区和直播间互动的问题，进行整理，并且制定最好的回答策略，这些将是未来选题最大的来源。

**2.销售素材库**

大家在变现类账号时一定要有"销售前置"的思想，如果某个视频或某场直播不是为了销售，那么我们做的事情就是没有意义的。一个很重要的等式：

$$结果=主播投入时间+专业度+运营投入+转化技巧$$

其实说白了，就是"业务+运营"两个维度的专业性问题，因此，我们需要储备这个城市中大量的销售素材，包括：区域解读、楼市分析、投资逻辑、自住逻辑、学区房情况、地铁房情况、项目解读、产品特色等，这一知识点本书会在第八章中讲述。

**3.证据素材库**

何为"证据素材库"？其实就是找客户为你背书，比如我们在销售和服务过程中可以把带看、成交、服务等案例拍摄成视频，置顶在主页上，甚至可以把团队风采（嬉笑怒骂皆可）拍成视频，但切忌过于浮夸和做作，否则会起到反面效果。

**4.人生经历库**

这里说的"人生经历"指的是主播的人生经历，建议可以每周拍一次主播的专访，把人生历程、最近发生的故事、生活的感悟等讲述出来，这种类型最能够获取同龄人的共情。

一定要记得：要做真实的自己。虽然每个人的经历各有不同，但成功和失败、喜悦和悲伤都极其类似，把自己的故事做成几十个短视频都不为过。

大家可以参考"肖厂长聊商业"的置顶视频"人生是一场概率游戏"或

者"群响刘老板咨询"的置顶视频。

介绍完以上"四库工具箱"之后，我们再回归正题：如何打造客户精准的抖音账号？为此，我们为大家提供一套完整的方法论（图4-16）：

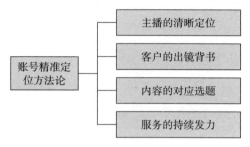

图4-16 账号精准定位方法论

## 1.主播的清晰定位

主播的年龄、做事风格和特长决定了账号的定位，同时也决定了你的客群是谁。

比如"珠海卖新房的田甜义化"的主播是1997年出生的干练型女生，她会吸引两类客户：一种是她的同龄人，也就是我们常说的刚需客群；另外一种则是年龄在50岁左右的人，他们对主播及其团队深感佩服，本能地有扶持她的冲动。事实证明，她的账号粉丝量不算多，甚至单个短视频阅读量破1万的也很少，但客群非常精准，每个月变现少则100万元，多则400万元。

再比如"莹姐聊房官方账号"，主播是一位四十余岁的姐姐，一身传统服饰，手里还常拿着一串手串，很容易吸引同龄甚至高龄的男性客户；加之她每次短视频的结尾处都用河南话说"关注莹姐，珠海买房不掉坑"，立马能引起河南老乡的关注，而此类客户大多是到珠海的养老客群和投资客。2万多粉丝的账号每月变现几十万元，这在很多抖音账号中是完全不可能的事。

另外，以上两个账号也分别推出了针对自己的系列采访，形成了"人生经历库"，让客户认可你专业的同时感知到你是一个立体的、真实的人！

**2.客户的出镜背书**

有的时候，主播是谁，来的客户不一定是谁；但是，客户是谁，吸引来的其他人一定和客户类似！

客户的素材是取之不尽的，他们买房子的过程、其间发生的故事等均可以拍摄成视频。上文提到的"珠海卖新房的田甜文化"，主播小田以其真诚的态度获取了众多客户的认可并答应出镜站台，主播团队为业主打扫卫生、业主在毛坯房里求婚、业主新房入伙等故事均成为他们的拍摄素材，这样自然而然就吸引了和业主同样年龄层次的人过来找她。

客户的出镜是对主播和团队的高度认可，这些视频纳入"证据素材库"会为精准客户带来有力的证言！

**3.内容的对应选题**

当你通过账号成交了几单之后，你和你的团队便有了"手感"，因为这时你会通过视频复盘、客户反馈等方式了解了客户的关注点，那么在未来的内容规划上，你可以针对性地以此为选题吸引更多的类似客群。

记得要把这些高赞选题纳入"内容选题库"，这样未来我们在打造矩阵的时候可以进行复制。

**4.服务的持续发力**

服务是为了和已成交客户保持黏性，也是为了让老客户带来新的客户，同一个圈层的人带来的客户大概率是趋同的。

在为客户服务的同时，我们依然可以拍摄成视频，一方面可以作为账号的视频素材，另一方面可以发给业主留存，他们随便转发一次都是对我们影响力的扩散。记得要把"SVIP服务"的所有视频做成合集，便于观看主页的粉丝感知你们的用心。

大家可以参照"珠海卖新房的田甜文化"的合集，其中有一项"珠海买房SVIP服务"截至2023年6月份已经更新了51集，忍不住让人刷完全部视频。

## 第二节 心法二：如何打造关系式矩阵实现账号互联、粉丝互通？

什么是关系式矩阵？它是以坚实的人际关系为基础，通过共创的手段实现账号互联、粉丝互通的多个账号形式。

我们非常希望同时能打造几个甚至几十个成熟的账号，以提升账号的综合曝光能力和获客能力，那么，借助成熟的账号热度便是一种特别好的捷径。

关系式矩阵，前提是"关系"，离开了这个前提，这个矩阵是无法成立的，比如直系亲属、合伙人、同事等相对坚固的关系便是重要前提！

根据笔者实际的操作经验，一共有9种方法（14种技巧）可以实现矩阵互联（图4-17）：

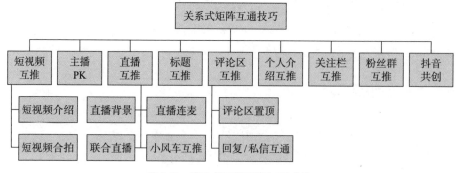

图4-17 关系式矩阵互通的9种方法

**1. 短视频互推**

短视频互推指的是在不同的账号上放置几乎相同的内容，而且同时置顶，鉴于平台有查重机制，我们需要将各个视频进行二次乃至三次处理。

比如我们想在B账号上推A账号，那么需要将A账号的服务内容、核心优势等视频搬运到B账号上。如果A和B都属于房地产类型账号，则需要简单二次剪辑即可，但加入A账号是房产账号，B账号是旅行账号，那么一定要找到房产和旅行之间的关联，重新拍摄一个和旅行有关的视频在双方账号上发布。

**2.主播PK**

主播PK赛是抖音平台的一种有趣的机制，主播发起的PK对象可以是自己熟悉主播，也可以是随机进行，连接上PK以后，首先你需要做一个简单的自我介绍，让别人知道你是谁，你来自哪里？介绍完以后你可以去夸赞对方，然后给对方的家人们留一个好的印象，就算是你PK输掉了，你也可以蹭个流量。

**3.直播互推**

直播互推是关系式矩阵打造的重要手段，有四种方法可以使用：第一，在直播背景上放置对方的抖音号；第二，通过直播连麦的方式获取粉丝关注；第三，通过双方主播联合直播的形式相互导流；第四，直播时在小风车的留资页面放置对方的信息。

**4.标题互推**

我们在写每个短视频的配文时，可以@对方的账号；甚至可以把自己的抖音号昵称短期修改为"自己的昵称@对方账号"。

**5.评论区互推**

我们每次发完视频作品之后，在评论区的置顶位置放置对方的抖音号，或者在点赞较多的评论进行回复时@对方账号。如果有客户主动私信你，你也可以把对方的抖音号推给客户。

**6. 个人介绍互推**

在进行此项工作时，必须将自己原有的个人介绍进行优化，然后在第二或第三行设置你想互推的抖音号，但写相应文案的时候，一定要找到客户关注的理由。

**7. 关注栏互推**

一般来说，我们为了拉账号的权重，或者将自己的账号高度标签化，会关注一些房地产类账号，如果想实现关系式矩阵，你可以暂时取关所有账号，而是只关注你想互通的特定账号，并且将关注栏设置为"公开"。一般客户发现你只关注一个人的时候，会产生浓重的好奇心，从而点开并且关注。但一定要记得，此种办法互推时间不宜过长，三天之后再恢复之前的关注项。

**8. 粉丝群互推**

粉丝群互推也是常见的共创形式之一，就是以发放福利的方式在粉丝群里推送特定账号的视频，让粉丝产生兴趣。

**9. 抖音共创**

"抖音共创"是抖音近期上线的新功能，截止到笔者创作此书时，该功能并没有完全对所有用户开放，而是采用邀请制；如果你没有这样的功能，可以联系客服开通，如果申请没有通过说明你的粉丝过少。

如果你有这样的功能，可以按照如下步骤进行操作：

点击底部"+"→从相册中选择一段视频→下一步进入视频投稿→共同

创作→添加互推账号昵称或ID→设置共创身份→发布→创作者小助手向对方发出共创邀请→共创者接受邀请，创作者小助手会通知→共创者的视频页面也会发布同样的视频。

最后我们继续拓宽一下大家的思路：①关系型矩阵重要的是"关系"，不是账号门类，房地产行业可以和任何行业的账号进行互推，粉丝越多，账号越活跃，越是我们关注的对象；②关系型矩阵最好把互推时间集中在某几天之内，以上提及的各种技巧一起使用，强调整合的力量，只使用其中的一两个技巧效果会大打折扣；③关系型矩阵其本质并不是粉丝的增长，而是人设的丰满，人设丰富了，客户的信任度就会增强，这对未来获取真实客资大有益处。

## 第三节　心法三：抖音账号如何打造获客型大字报？

大字报是很多人不愿意去做甚至不屑去做的一种探盘形式，觉得这种形式很low，但事实上它广泛被运用于中介端，尤其是不愿意出镜、口才欠佳，但又希望做新媒体营销的同仁，而且在获客上具有很好的效果。

我们常说，房产博主可以分为四个量级（图4-18）：

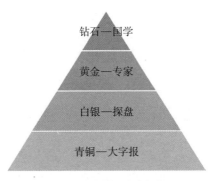

图4-18　房产博主的四个量级

青铜级的博主大多属于普通经纪人，没有人设、只想获客，客户质量较差，以小单为主，此类博主可以做大字报；白银级的博主有了初级人设，有一定的经验，探盘类的视频流量大于大字报，但客户质量大多一般；黄金级的博主一定是强人设的，因为已经达到了专家级别，其价值已经从房子升级到博主本人，客户的黏性很高，转化率也高，博主角色是专家，客户多以老师相称，带看结束后的建议基本等于决策；最高级的博主讲述的是国学，讲述的是情怀，无需怎么推广即可获客，佣金较高且不存在飞单现象。

以上四个量级并不是四种人，而是房产博主的成长阶段，大部分人都可以通过不断努力成为白银，小部分人可以历练成黄金，极少的人能成为钻石。因此，没有低端的账号，只有低端的内容，只要能够获取客资，任何合法的形式都是值得鼓励的。

单纯从大字报的创作上来说，这是最容易的事，价值清晰、内容简单、高频释放，用于低成本海量宣发，不要人设、不要粉丝量、只要线索，比一镜到底还要简单，毕竟只有6～8秒，能说的话很少甚至为零，但大字报上的文字是获客的核心。

什么样的房子适合做大字报呢？知名地产大V"房老张"提出了8大要素：低于市场价、房子高颜值、房源真实、区域IP强、项目IP强、有视觉亮点、笋盘、合理原因。

### 1. 大字报的价值逻辑

1）大字报的价值环

客户买新房最关注的是哪些？房源情况、价格层次、区域发展和装修标准。

通过哪些具体的因素来诠释以上四大要点呢（图4-19）：

（1）区域价值：处于什么样的板块，板块内有哪些诱人的配套。

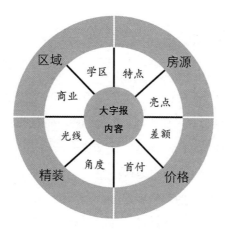

图4-19 大字报的价值环

（2）房源价值：能否看到景观？是否为紧凑型户型？

（3）低价策略：主要讲该房源和竞品的差额，强调超低首付。

（4）精装策略：不要拍毛坯房，因为毛坯房拍出来效果极差。

2）大字报的客户价值

客户对某个项目的认知可能来源于朋友之间茶余饭后的谈资，当有经纪人向他介绍时便有了初步的预期，但是看了你发布的大字报之后，会因为美景、性价比、产品细节、区域发展等对项目产生了超越预期的感受；而当客户再看你的主页之后，看了海量的大字报，视频虽短，但信息量密集且高度总结，会对你产生持续性的关注。

3）大字报的产出价值

高产出的前提是低成本，低成本则来源于随手拍，中介的朋友们可以上班拍、下班拍、看房拍、逛街拍，高频的拍摄就会产生高频的流量。不过，大字报需要同一天内高频发布，而且必须为矩阵发布，往往几十个账号同时发出。试想一下，如果一张大字报的阅读量是2000个，那么50个账号发布则会拥有10万次的曝光，如果每天发5次，总共可以得到50万次曝光，获客能力极其强大！

**2. 大字报的创作技巧**

1) 大字报的脚本创作要点

（1）绝对诱人的低首付：要想有流量有客资一定是价格驱动的，要么单价，要么总价，要么首付（推荐以首付为主），而且要把价格前置。更重要的是，低首付信息要在封面、顶通、配文中有所体现。

（2）规划不错的地段：突出地段的目的是框定客群，告诉大家某某板块竟然还有一处性价比不错的项目或房子。

（3）优势突出的配套：客户最关注的配套前三位一定是学区、商业和地铁，如果只有一个配套，就反复强调该配套的价值。

（4）功能突出的产品：比如该套房子赠送三大件，或者博士群体购买，抑或是开窗能看到湖景等，在视频里重点强调。

2) 大字报的创作要点

（1）找到笋盘：寻找到热门板块中的热门项目，在价格上有一定的优势，同时又是精装修产品。

（2）制造视觉锤：可以拍摄社区外围繁华的商业，可以拍摄社区内的标志性景观，可以拍摄楼体与天空之间的关系，可以拍摄售楼处内拥挤的客户，还可以拍摄从窗外看出去的景观……

（3）简约拍摄：如果拍室内，每个房间做一次停留，停留时间够一句旁白，转场要快速，动线提前安排；如果拍外景，最好选择夕阳下的楼体或者是天气晴好时的楼体。

（4）加工视频：最好设置旁白，虽然只有十几个字，但一定触及客户痛点，加上辨识度很强的背景音乐。

（5）发布：每天要多发一些内容，第二天要把播放量差的进行隐藏，同时做好"合集"设置。

# 第五章　账号选题及脚本的持续输出

地产营销人不愿意做抖音的主要原因是：不会写脚本。其实，抖音不是一个文字创作型平台，而是视频创作型平台，我们学习的不是如何写文案，而是要学会如何用恰当的情绪输出观点；作为管理者，不应要求大家去创作脚本，而是要构建内容中台，"傻瓜式"的素材库是账号成功且能持续成功的保障！

# 基础技能

## 第一节 房地产短视频文案创作思维构建

笔者做过18年房地产营销，写过11本著作，按道理来说写短视频文案是信手拈来的事，但笔者实际开始做号的时候，发现并非如此，你以为的专业并未得到抖音平台和客户的认可，你以为的"深度"对客户来说简直是天书，导致流量少得可怜，中途弃号。实操经验和失败教训告诉我，短视频文案有三大禁忌：自以为的专业、无聊的叙事、没有立场的观点！

短视频讲究的是"三段式"结构，我们在写短视频文案时一定要遵循如下思维模型（图5-1）：

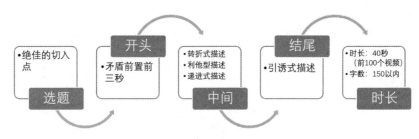

图5-1 房地产短视频文案创作思维模型

## 第五章　账号选题及脚本的持续输出

**1. 选题：绝佳的切入点**

选题包括两种：今天说什么事、针对这件事情我的观点是什么。

比如2023上半年张继科事件是热点，那我该说什么呢？如果你还原一下这个事件是怎么发生的，批评他的所作所为，抖音上至少有一万个视频在说，如何寻找到更好的切入点呢？你可以写：张继科年入数千万元，为何还不起500万元？如果想和房地产进行链接，你可以写：张继科坐拥多套豪宅，到底长什么样子？

再比如2023年降息了，大部分人会说"利好楼市""购房成本降了"，那你如何脱颖而出？要知道有很多人在前三年购房的利息是很高的，你出一期"教你如何提前还贷立省50万元"或者"提前还贷困难重重，5种方法教你拿捏银行"……类似于这样切入点不同的选题才是流量密码，也是客户信赖你的密码。

**2. 开头：矛盾前置前三秒**

抖音上有一个考核机制：前5秒完播率。但客户是滑动视频的，如果3秒之内无法抓取客户，那么视频也是没有流量的。

"矛盾"可以理解为一种情绪，无论你的观点是什么，甚至这个观点不论对错，你都需要带有一种情绪去表达。与其说客户是被你的内容所吸引，不如说是被你的情绪所感染。

比如你想做一期探盘视频，发现小区景观比较好，你的开头应该是"景观+赞赏"，如"这个小区的景观竟然是按照4A级景区的标准打造的，开发商太牛了！"比如一栋小面积商墅，最大的优点是面积小，你的开头应该是"小面积+赞赏"，如"80平方米的公寓你见过，那你见过80平方米的小别墅吗？"

记住一个等式：好的开头＝观点+情绪

### 3.中间：有趣的叙事

短视频的"短"是好事，但我们同时发现很多5分钟以上的视频完播率也很高，这与我们的叙事写作能力有关系，当然，我们建议刚起号的时候尽量控制在40秒以内。如果是企划类短视频（项目卖点演绎或价值解读）控制在120秒或150秒以内。

在撰写中间部分的文案时，方法有：

（1）转折式描述：叙事转折，有看点，一般用于讲述购房故事或探盘；

（2）利他型描述：一般用于讲述政策、规划的时候会使用，解读完政策之后，一定要和客户的切身利益捆绑，引发客户的共情；

（3）递进式描述：一般用于干货类输出，先讲一部分痛点，然后再逐步递增，触及客户内心，引发购买欲望，所以这种描述方法适用于获客型短视频；

（4）高度总结式描述：一般用于干货输出，凝练多个要点，手把手告诉客户方法或步骤。

### 4.结尾：引诱式描述

抖音号和视频号有三个最基础的考核指标：点赞量、评论量和转发量。这三个指标能否完成，结尾的文案几乎是一力承担。

这三个指标中，"评论量"是最核心的，因为只有客户看完你的观点之后产生共鸣或不同意见才会进行评论。因此，结尾的文案要么留悬念、要么引争议、要么设诱惑。

比如"00后未来真的不买房了，你认同吗"或"这套房子虽然在一楼，不过价格是真的便宜，但这个价格你还想要啥自行车啊"或"有些事情视频里不让说，评论区里告诉你"或"我有30节线上购房课程送给大家，评论区里免费领取吧"……

具体的案例和写作技巧我们在此书的后面章节展开讲述。

## 第二节 账号选题及爆款选题规划技巧

选题有多重要？

它事关账号的流量，事关博主的人设，事关客资的获取！

前文提到，我们做账号需要丰满自己的人设，况且我们也知道用户对说教型、低俗型、专业炫耀型的人设并不买账，因此，我们绝对不能做"高度垂直"的账号，而是要做"泛垂直"账号！那么，什么是泛垂直账号呢？就是以房地产行业为主，社会热点、个人生活等为辅的汇总型账号。

### 1.账号选题模型

所有优质的账号内容都是极其丰富的，我们可以打开"大胡子说房""地产酵母"等全国性大V可以发现，他们在讲述房地产的同时还会讲一些热点类和生活类的内容，大家要深知，房地产专业知识的输送和政策解读可能会获取客资，但千万不要忘记，为了拉账号权重，还需要一些泛流量的内容进行加持的。

优秀的账号选题包括三大类内容（图5-2）：

一定要记住这个等式：房地产账号=50%的垂类内容+30%的泛流量内容+20%的人设类内容

这就是我们常说的"532"选题模型。"5"指的是垂直于房地产领域的内容，如房产知识、房产资讯、探盘等；"3"指的是泛流量选题，尤其是社会热点、政策解析等；"2"指的是人设类选题，如博主的日常生活、与买房人发生的故事、趣味剧场等。只垂直于房地产领域会失去账号的可读性，同时不利于人设的打造。就算你做到几十万粉甚至百万粉，也需要遵循这个原则。

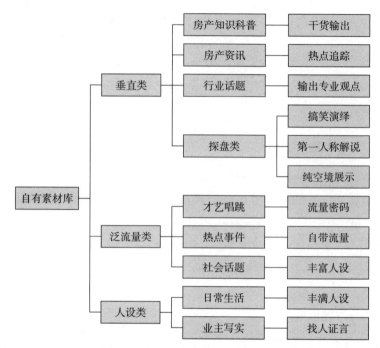

图 5-2　房地产账号选题的三大类方向

## 2.账号选题技巧

下面，我们来重点谈一谈单个视频的选题技巧，一共有6个办法（图5-3）：

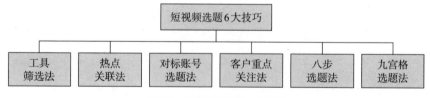

图 5-3　短视频选题的6大技巧

1）工具筛选法

这个方法无需动脑，是抖音工具本身就具备这样的功能，一般来说，有两个入口可以找到合适的选题：

入口一：打开抖音→点击放大镜→在搜索栏输入"城市+地产"或其他

关键词→点击漏斗→排序依据选择"最多点赞"→发布时间选择"一周内"。

找到排在前列的视频，一键提取文案，进行二次加工。

入口二：打开抖音→我→右上方三道杠→创作者中心→创作灵感→创作热点→全部垂类中选"财经"→选"近七天"→热门视频栏目中的"低粉爆款榜"。

利用"抖音热点宝"工具也可以达成效果，操作流程与上方相似。

2）热点关联法

如果我们的视频能够链接到热点，不仅可以蹭到官方泛流量，还节约了一笔投加的费用。此方法操作起来非常容易：

打开"抖音热榜"（还有"同城榜"），官方会实时地排出前50的关键词，找到一个能够与房地产嫁接的话题，立刻创作、立刻拍摄、立刻发布（发布时在后台要选择"关联热点"），因为此时此刻的热点有可能过了几个小时就会跌出榜单。

笔者在写本节的时候是2023年6月7日凌晨1点10左右，目前榜单上排在第一位的是"2023高考必胜"（图5-4），那我们需要让房地产与该热点产生链接，比如"高考期间全市静音！你家的房子隔声效果怎么样？"或者"高考竟然也有'学区房'，这些房子就在大学旁！"再或者"寒门出贵子还是学区房出贵子？"

该榜单中排名第七的"孙某"和排名第八的"谢某"都是娱乐界明星，也很容易让她们与房地产产生联系，比如"扒一扒谢某的豪宅"或"谢某张某竟以一己之力降低了中介费"等。

3）客户重点关注法

客户对房地产的关注重点如何寻找？此方法最简单，你只需要查看对标账号视频或自己账号视频中评论区中点赞量最高的评论，然后根据此线索进行文案创作即可。

```
┌─────────────────────────────────────┐
│  不  决胜高考                        │
│  1  2023高考必胜 热      1145.1万    │
│  2  第一个丢身份证的考生出现了 1142.7万│
│  3  首艘国产大邮轮出坞 热   1139.5万 │
│  4  5亿身家高中生坠亡案进展 热 1132.0万│
│  5  绝味鸭脖股价下跌 热    1123.5万  │
│  6  男子用前女友私密照威胁转账 1120.3万│
│  7  孙某这白眼不像是演的   1114.3万  │
│  8  谢某四公 没拉票 热     1093.9万  │
│  9  三分野结局是he 新      1062.3万  │
│  10 iPhone 15将在郑州富士康量产 1059.3万│
└─────────────────────────────────────┘
```

图5-4　抖音热点榜

比如上文笔者提到的"谢某张某"事件，有一个评论点赞超过2000，观点为"跳单就是通过中介看房，但是自己私下找业主成交，不用给中介费，这种行为的确不违法，但是可以看出人品问题"，此人将该事件归结为"法律约束"和"道德谴责"两个层面，的确可以引发讨论，也值得你阐述自己的观点。

除此之外，在直播间里客户反复问到的问题也属于以上范畴。

4）八步选题法

八步选题法是基于人类的生存和情感触点总结而来的，我们在生活中一般会有8大触点（图5-5）：

而我们要做的事就是"房地产+N"，笔者为大家分别举例说明：

（1）房地产+亲情：主卧有独立卫生间，为什么长辈房没有？

（2）房地产+爱情：小两口不堪压力逃离上海，大都市为何留不住爱情？

（3）房地产+钱：月薪5000元上班族，哪个区域买房最合适？

第五章 账号选题及脚本的持续输出

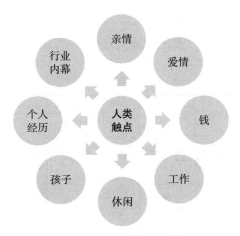

图5-5 人类生活的八大触点

（4）房地产+工作：据说这里聚集了科技城90%的金融高管……

（5）房地产+休闲：又到了樱花烂漫的季节，今天给你介绍一个离樱花大道最近的项目。

（6）房地产+孩子：买房子哪有这么多考量，孩子才是第一位的。

（7）房地产+个人经历：二十年房企高管告诉你买房的十大定律。

（8）房地产+行业内幕：开发商最怕的不是年关，而是交房，告诉你交房必须掌握的几个技能！

5）九宫格选题法

九宫格选题法一般适用于房地产开发企业使用，因为该选题法是基于对项目产品和客群的双重了解情况下才能够有效使用。

首先，我们需要列出项目产品的8个标签，比如五星级高中旁、网红售楼处、音乐主题景观、荷兰管家服务、带院子的别墅等；然后再分析成交客户，同样找出8个标签，比如地缘客户、热爱读书、注重教育、喜欢择邻而居、圈层需要等。第三步，找到产品标签和客户标签中的共通点；最后，提炼一句传播性很强、可引发讨论的选题。

我们以苏州汾湖的"绿城春风湖滨"项目为例，该项目是低密住宅，以叠加和洋房两种产品为主,项目旁边有网红村落"曲水善湾";客户有70%是来自旁边的上海,以休闲度假为主,那么,我们就形成了九宫格(图5-6):

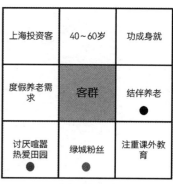

图5-6 春风湖滨项目九宫格选题法

从上图我们可以发现:"宋氏洋房产品"与"绿城粉丝"是对应的,"带院子和地下室的下叠"与"结伴养老"的对应的,"曲水善湾"与"讨厌喧嚣 热爱田园"相对应。于是,经过加工处理就可以形成如下选题——

(1)宋氏洋房产品+绿城粉丝:单价20W+绿城黄浦湾,宋卫平亲自把关的洋房又来了!

(2)带院子和地下室的下叠+结伴养老:儿时的玩伴,现在的邻居!要不,把地下室留给他?

(3)曲水善湾+讨厌喧嚣 热爱田园:上海旁竟然藏了一处"桃花源",来了都不愿意离开!

不同的账号定位适用不同的选题方法,以上提及的六大技巧具有很强的普适性。如果你是开发商蓝V号,最常用的方法是八步选题法和九宫格选题法；如果你是知识型博主或是分销中介公司主播，前五个方法皆可使用。当我们利用以上方法形成一种习惯的时候，自然而然熟能生巧！

**3. 获客型短视频的选题方向**

从理论上来说，任何视频都具备获客功能，但对于渠道人员和中介朋友来说根本无暇去做制作精良的视频，本节讲的获客型短视频特指那些比较容易获取客资的视频，笔者为大家总结了6种类型（图5-7）：

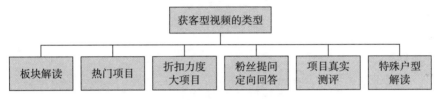

图5-7 获客型短视频的6种类型

1）板块解读

地产界习惯将城市分为若干个板块，每个板块都有其独特的规划、价格梯队、资源优劣、学区情况、产业情况等，板块内如果发生了重大利好，我们做一期口播或者实地评测往往能够引发客户的兴趣。

2）热门项目

一个项目能够成为热门项目自然是自带流量的，哪怕这个项目不需要中介带客，作为博主都应该深谙借势之道。

3）折扣力度大的项目

折扣力度大的项目一般卖得不会差，而且这类项目大多会跟分销合作，给这样的项目做口播、探盘甚至直播，会取得意想不到的效果。

4）粉丝提问定向回答

我们通过短视频和直播会获取到一些客户的询问，此时需要做好归纳整理，根据他们的提问撰写文案，然后再增加一些普适性内容。

5）项目真实测评

实地测评分为5种（图5-8），该类型视频拍摄难度较大，需要主播到项目上根据一定的评判标准，利用专业工具甚至是专业软件拍摄而成，反倒对文案的要求并不高。

图5-8 项目测评类视频的五大类别

6）特殊户型解读

"特殊户型"指的是非标户型，比如一楼的房子，因户型缺陷导致价格便宜，我们可以通过实地探盘进行引流。

> **案例："交付大测评：提前两个月交付，这个楼盘会翻车吗"**
>
> 　　特别声明，今天的交付视频我没有收取任何利益，也没有被充值，否则天打五雷轰。该视频观点只代表个人对此项目的看法，不包括对开发商的其他项目。
>
> 　　皱眉姐交付测评又来喽，今天我们来到是位于青洋路附近的旭辉都会上著二期，看看这个提前两个月交付的小区是惊喜还是惊吓。
>
> 　　首先是物业服务，我必须点个赞，因为他有一点超越了常州90%以上的楼盘，就是他敢在交付之前的业主开放日时提前验房，常州除了大和外，我还真没见过几家敢这样子，我敬你是条汉子。
>
> 　　绿化在刚改楼盘里我能给到90分，虽说刚刚交付，但绿植已经郁郁葱葱，没有奇花异草，可植物种类还是比较丰富，并且还有一个人造池塘和玻璃围栏，这对于后期物业维护也是一个不小的挑战。

小区的公共设施至少也可以达80分。虽然整个小区公区面积不大，但不论儿童的游乐设施还是风雨走廊的设计都是下了血本的，有两个细节我特别喜欢，一是儿童乐园的直饮水，还有连廊里的休闲吧台。

地下车库地面用的材料主要是水泥砂浆，看起来不如环氧地坪亮堂。不过都会上著的地下车库竟然奇迹般地没有什么潮湿渗水的现象，但仔细找还是能发现一些刚刚盖掉的积水痕迹。当然这一切要归功于这几台嗡嗡作响的抽湿机。不过这地下车库到入户电梯这边的卫生有些不到位呀。

小区的单元入户有几个槽点，两梯四户的小高层进入大堂后还要绕过一个玻璃天井才能到达电梯口，而这两家大门距离有点过于亲密了，而一梯一户的洋房，所以没有这个问题，不过它的楼梯间的窗户竟然是密封的，拜托，多少给楼道一些空气流通好吗？

室内房屋质量我能给80分以上，虽然装标比不上那些3万+的豪宅，但做工上还是比较不错的，当然多多少少有些划痕和裂缝的小毛病，但物业当场保证一定会在一个月之内进行整改。

最后我还忍不住想多说一句，旭辉的外立面怎么都长这个样，我个人觉得有点不好看，尤其是这个角度显得小众了。

整体看下来，旭辉都会上著，应该是我看过所有的小区里排得上前三的刚改项目了。顺便说一下，今天在交付现场看到拿房的业主都很满意，其中最开心的要数那位差一点就买了尚澜屿境的大姐了。

——源自"真探眉姐（常州）"

## 第三节 短视频标题及配文撰写技巧

账号选题和标题是相辅相成的,选题经过提炼之后就成了标题,把标题再话题化便成了配文。

短视频的标题提炼一共有四种方法(图5-9):

图5-9 短视频标题的四种提炼方法

### 1. 关键词锚定法

无论做什么事情,我们都极易受第一印象或第一信息支配,就像沉入海底的锚一样把人们的思想固定在某处,这就是锚定效应。

据统计,我们平均每人每天收到的信息量大约是285条,其中有63%是文字内容,再细分一下,大约是5.4万个词语,相当于每天看一部小说,如此海量的内容每天都在大脑中闪现,如何能在标题上就能吸引客户关注并点击呢?笔者向大家推荐五种锚定方法(图5-10),让大家能在众多的房地产短视频中脱颖而出。

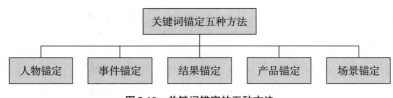

图 5-10 关键词锚定的五种方法

1)人物锚定

新媒体时代,每个人都是一个IP,知名人物的IP更是能带来超级流量,因此在短视频标题的拟定上,我们可以利用人物锚定法,将名人的名字或某些能引起共鸣的身份带入标题,让大家形成身份认同。

人物的锚定,就是把产品价值和一位高价值的人绑定在一起,用户的心理就会认为该产品和其价值是一致的。

比如,就拿北京来说,众多知名的影视明星都在北京拥有豪宅资产,因此明星们住的房子自然会成为大家关注的重点,因此我们就可以通过人物锚定,来引发大家的好奇,如:

明星京城豪宅曝光,张某与张某是邻居,宋某客厅一百多平方米

杨某在北京的家,由于隐私问题,很多细节没有拍

董某获赠北京一套房,看到位置我激动了

除了名人的人物锚定外,不同职业的人也会带来一些话题,如:

三年两套房,这位会计师告诉你如何投资房地产

刚离职的营销总,告诉你买房的8条铁律

从摆地摊到住豪宅,这五年他到底经历了什么

2)事件锚定

互联网时代,人们每天都会接受很多新事件,因此我们可以通过某些

具体的事件,来凸显产品的价值,这也是锚定效应常用的手段,比如我们前面所说的张某谢某购房跳单事件,就是一个很好的事件锚定。

众所周知,很多豪宅都存在验资接待的情况,而这种事件也确实是很好的谈资,因此我们可以拟定如下的标题:

身价500万元以下不接待,这个豪宅哪来的底气

事件锚定,适用于很多的热点,只要我们贴近热点话题,关注热点事件,我们很容易从中找到一个和地产相关的点,去年的疫情解封,很多楼盘就会借助"解封"的热点,来进行标题创作,就拿开盘来说:

疫情这三年,唯独这件事我们"想开了"

除了事件之外,快速展示顾客需要的结果,能大大提升其产品在顾客心中的价值。

3)结果锚定

我们中的绝大多数人和事,最终都是结果导向,无论事情发展如何,最终令人震惊的结果有时反而能吸引大量的眼球,比如:

3年实现财务自由,这个小伙只是来这里多看了一眼

用"三年实现财务自由"这个结果,来引导大家进来观看视频,结果是,因为来售楼处看了一眼买了一套房,最终实现了升值。

而楼盘的热销和千人抢盘的结果,其实就是最好的标题:

2000人抢300套房,15s揭开这个楼盘的畅销秘诀

4)产品锚定

某些特定的产品,也能形成锚定效应。

有个综艺叫《五哈》,里面有一个问题是:情人节送老婆,送钱还是送

玫瑰花？我相信对绝大多数女人来说，收到玫瑰花肯定比收到钱幸福，而玫瑰花就是我们所说的产品，因为这种产品有特殊意义，所以也能形成大家的讨论和共鸣。

而现实生活中有很多这样的产品，可以引发大家的关注，比如奔驰、宝马、苹果手机、茅台、金条等等，而地产短视频也可以结合这样的产品来拟定标题，比如：

小区里停波音747，哪个楼盘这么大胆

小区里能停波音747，是不是很牛？其实这主要是宣传项目超大的楼间距而已，用物品替代冰冷的数字，有时更能引发大家的联想。

5）场景锚定

场景严格意义上在拍摄短视频的时候都会用到，比如售楼处场景、示范区场景，包括活动场景，而我们这里所说的场景更多的是说生活，地产行业发展到现在，很多生活方式都已经被用烂了，而非地产外的生活场景，有时候更能引发共鸣。

比如我们以前看到了卖西瓜的文案叫——甜过初恋，这就是一个很好的场景锚定，从文案会让你想起和初恋在一起的酸甜苦辣。

把一个产品和其使用场景绑定在一起，就能迅速让用户感知到产品的价值。对于地产短视频来说，很多的配套都会成为一种场景，比如：

求学的路很漫长，上学的路可以短一点

学区房永远是离不开的话题，将求学场景和上学场景融合对比，是不是可以体会到学区房的价值呢。

**2.观点对立法**

顾名思义，观点对立一定是在说一个相对普遍认知相反的观点，笔者认为从两个角度可以来用这种方法。

第一种，就是对标爆款视频。

既然是爆款视频一定已经自带流量，因此我们可以通过找到爆款视频，然后从中拆解创意视频元素，再通过改变其中的一些元素或观点与原视频形成对立，最终通过短视频再次呈现出来，而在标题创作上，则可以通过与原标题相对立的观点来进行创作。

比如地产酵母有一篇短视频的标题是：买豪宅的人，为什么没朋友？

主要讲的是购买豪宅的人大多是创业者或者奋斗者，大家都在向前奔跑，所以除了工作生意伙伴，没什么朋友。而我们如果要用观点对立法就很好做标题了：

谁说买豪宅的人，就一定没朋友？

观点其实也很简单就可以说明，买豪宅的人不一定都是创业者，也可能是富二代或者明星，这些人的朋友可多了去了。

第二种，就是站在常识的对立面。

比如我们都知道买房子时一般都不会选一楼，因为一楼低矮、潮湿，还可能有蚊虫，所以在销售时，一楼的价格也基本都是低的。但其实一楼也有很多优点，比如某些一楼是送院子的，可以种花种草，而对于腿脚不便的老人来说，一楼也是比较友善的，而对于超高层来说，一楼也不需要等电梯，上下班高峰期节约了很多时间，因此我们可以采用公众认知的对立观点来写标题：

一楼不能买？看完这个视频，你会说一楼真香。

### 3.哗众取宠法

人们对于超出常识，或者对于奇怪有趣的东西总是很好奇，特别是有反常规的操作，更能吸引大家的关注，所以这类标题就主要围绕有趣的内容来展开就行。比如：

> 我在样板间吃了个榴莲，吃完我就震惊了

大家都知道，榴莲的味道很重，样板间一般不会给你吃榴莲的机会，那为什么可以吃榴莲，吃完又震惊了什么呢？原来，是因为这个项目是绿色建筑，恒温恒湿恒氧，新风系统非常厉害，几分钟就可以将榴莲味排除出去。

当然，哗众取宠法最好还是贴切主题，千万不要变成标题党，一定要把握好尺度，不要过度地夸大和渲染，更不能为了博眼球而造谣传谣，毕竟媒体的基调还是要以正能量为主的。

### 4.观点突出法

对于短视频创作者来说，每一个短视频的创作，最后都是需要一个核心观点来支撑，因此在标题上就突出观点，也是短视频创作很好的方法。那么，什么样的观点，能够快速吸引客户的关注度呢？

首先，应当与客户有关，与生活细节有关。比如：

> 中式厨房+岛台，这款103平方米户型满足你的全部想象

103平方米大户型，其实很难做到大厨房，但是很多人都希望自己的厨房要大，因此这样的产品细节直输观点，会吸引客户来看这样的户型到底什么样。

其次，多用"我"和"你"起头，直输观点。比如：

> 关于房产税这件事，我觉得你还不必担心

房产税是一个老生常谈的话题，但是等真正落实还需要时间，因此谈房产税这件事，不如直接说出观点。

再次，善于用比较，让观点更直观。比较，是人的一种心态，有比较

才能有鉴别，也才能更容易直观地作出选择。有冲突才有噱头，基于这种思路，利用对比式突出观点，更能让客户自己甄别，作出最终选择。比如：

<blockquote>地价13000，房价16000，精装修送永久车位使用权，惊天大漏捡不捡</blockquote>

看到这个标题，用地价和房价作对比，是不是就非常有点进去看的欲望？毕竟很多地方都在限价，因此这种核心观点一出来，就决定了其非比寻常。

最后，特别强调式提问，也可以强调观点。但我们要注意的是，所有的提问，最终只能又有一个答案，并且不是为了得到对方答复，而是旨在强调一个观点和立场。比如：

<blockquote>存款只有30万元，在市中心到底能不能买到房？</blockquote>

这句话的核心观点在于前一句，存款首付只有30万元，对于一二线城市来说，市中心根本买不起房，但后面一句表明，肯定是可以买到房子的，不然说这句话没有意义，这样强调市中心还有首付30万元的房子。

说了这么多短视频的标题方式，主要核心在于标题是粉丝们第一眼就能看到的内容，就像很多视频直播中，会使用较为暴露的美女照片一个道理，吸引客户关注，引导客户点进去观看内容是最终的核心目的，毕竟完播率是衡量短视频是否会成为爆款的一个重要指标。

讲完了标题，我们再来简单谈谈配文的撰写技巧，配文是标题的话题化，简单来说就是能够引发粉丝的点赞、评论或转发，我们提炼了五个注意点（图5-11）：

图5-11 短视频配文的五个注意事项

很多时候短视频的配文和标题是一致的，但为了能够增强互动性，我们会人为地制造一些话题引发讨论，比如"设计师April"有个视频的配文是"当季小龙虾的房子长什么样？看看够不够辣？"还有"温义飞的急救财经"在讲民办大学的视频中配文是"比刑法里的项目还赚钱，民办大学的利润有多离谱？"抖音号"大胡子说房"在讲述我国地理最好的五个省的视频里配文是"我国地理位置最好的5个省份，第一二个让人意外……"

配文写好之后千万不要忘记添加相关话题，一般来说会添加四类话题：第一类是房地产行业的话题，比如"房产""房价""买房""房产投资"等；第二类是和内容高度相关的话题，简单来说就是视频里讲到了哪些话题就添加谁；第三类是当下热门关键词，一般是用于热点关联型的短视频；第四类是自建话题，如果你想打造一个爆款关键词，且有多个媒体或矩阵联合打造，那就自建一个有趣的话题。

## 第四节　获客型口播的脚本撰写技巧

在房地产领域的账号中，纯口播（含走播、对话）形式因成本低、剪辑易等优点占据了六成以上的比例。

简单的口播凭什么能获客？除了选题、主播表现力之外，最重要的便是内容的吸引程度。那么，什么样的口播形式能够获取更多的客户呢？我们为大家提供如下6种获客型口播视频（表5-1）：

获客型口播的六类内容　　　　　　　　表5-1

| 序号 | 口播输出内容 | 获客文案要点 |
| --- | --- | --- |
| 1 | 热盘点评 | 突出项目被热捧/被冷落的原因，引导到同板块其他项目 |
| 2 | 板块解读 | 利用板块热点，引导板块中有价格优势的项目 |
| 3 | 热点关联 | 利用该热点找到与你想卖的房子的关联性 |

续表

| 序号 | 口播输出内容 | 获客文案要点 |
|---|---|---|
| 4 | 买房知识 | 利用政府发布的新政策,讲深讲透,吸引客户留言 |
| 5 | 预算框定 | 精准寻找客户,为客户提供多种房源选择 |
| 6 | 业主证言 | 让已成交的客户为你的专业或服务代言 |

### 1.热盘点评

"热盘"不一定是热销楼盘,我们可以理解为"有话题热度的楼盘"。我们在做口播之前一定有一个"选品"的过程,这就要求我们的文案和主播要对城市主要板块和主要楼盘非常熟知,建议为这些项目专门建立资料档案。

热盘不一定会寻找分销中介和博主去销售,遇到这样的情况,我们需要借热盘的流量引导到同样板块的其他项目上去,同时要找到产品优势、价格优势、服务优势等以吸引客户留资。

> **案例:"首付100多万元 可以安家北京二环?"**
>
> 首付100多万元就可以在内城南二环安家,就可以住在皇城根脚下,而且不仅是新房,还是现房,我这么说你是不是不信呀?
>
> 最近很多积分落户,包括需要给孩子上学的客户全都去买这个项目,那它卖得火,另外一个原因,就是很多人感到很自豪:这可是北京内城啊,这可不是一般人能拥有的!那位置在哪儿呢?就在永定门外大街。
>
> 这边可是很久没有新房了,更别说这种小户型,未来也不会再有了。就奔着教育这一点,这个房子吸引了一大批想在东城上学的家长,周边不仅有永外实验幼儿园、宝华里小学、北京50中分校,还有北京汇文中学南校区。

> 大家都知道，初升高的这个阶段，东城的录取率也是处于北京前列的，这么核心的位置，你好不好奇是谁开发的？你想啊，如果这个公司没实力是拿不到这样的项目的，它就是我们中国最大的旅游集团首旅集团，像中华老字号的全聚德、东来顺火锅都是他们家旗下的，康辉旅游、王府井集团、古玩市场也是他们旗下，首汽集团你听过吧，也是他们家的，亚洲最大的环球影城，首旅也是最大的股东。
>
> 那咱们说回来啊，说这个项目的细节，华龙IN巷从41到241平方米全都有，特别是个小户型，非常稀缺，总价400多万元可以安家东城，以前想都不敢想，你可以近距离去感受北京悠久的传统文化，享受着北京内城的成熟配套。这个项目如果手里有闲钱，想占据内城的核心资源，真的可以上车。另外呢，它周边二手房价格是倒挂的，像中海紫御公馆13万元了，朱雀门是15.5万元，所以呢，稀缺就是王道，内城的绝版产品，详细内容可以在评论区关注起来。
>
> ——源自"地产酵母"

### 2. 板块解读

热门板块尤其是有争议的板块也是自带流量的，我们在选择板块的时候最好选择一些跌幅较大或者涨幅最差的板块作为重点，因为在这个板块上生活的客户会有切身的体会，急于换房，那么这个时候你的出现正是时候。

> **案例："投资用直　亏的底裤不剩"**
>
> 　　别再炒作用直了，投资用直会出大问题！
> 　　南山维拉一夜之间挂牌100多套，链家挂牌超过了323套，隔壁的阳光城丽景湾目前挂牌也超过了248套，用直的二手房正陷入全面抛售的危机。

> 为什么会这样呢？那我给你好好盘一盘。当年南山维拉最后180套，单价1万5的低门槛，几乎是当时园区5折的价格，一千多客户全款抢房。曾经通宵抢房，如今降价卖房，成交均价最高2万，最便宜只要1万8，全面跌回一字头。
>
> 投资人如今的眼泪，就是当初看规划一时冲动脑子里进的水。当初炒作大湖东，住进了生活体验才知道还是大吴中。但是呢，吴中的发展重点又不在这里，园区呢，又在自己的范围内规划了一个创新城和未来城，一点利好都不给甪直。产业发展不给力，教育存在大问题，生活配套无亮点，真是亲爹不爱养父不亲。甪直的抛售才刚刚开始……
>
> ——源自"潮迅评房"

**3. 热点关联**

如何利用热点吸引流量本书在前文已经讲述，如果做成获客型视频，需要将你想卖的房子或者服务巧妙地融入该热点，可以起到既蹭流量又有留资的双重效果。

> **案例："杨某的古堡值多少钱？"**
>
> 问：杨某的古堡值多少钱呢？
> 答：你先别问房子啊，你知道那个杨某老公是谁吗？
> 问：谁呀？
> 答：法拉利的总裁呀。网红炫富必须买座驾，就是法拉利。那她老公是总裁，你想想她多少钱吧？
> 问：那他年龄是不是挺大的？
> 答：70多岁，也不是很大吧，她比杨某就大17岁，不过人家是因

> 为爱情，2004年结婚到现在还在一起，不像那个邓某跟默多克差了30多岁，我觉得差那么多有点接受不了。其实杨某挺传奇的，你知道她是哪国国籍吗？她是马来西亚的华裔，007电影里面她演过邦女郎，还有很多经典作品，什么警察故事、明日帝国、卧虎藏龙啊，不过说实话我看得不太多啊。她跟她老公在瑞士有个古堡，据说呢，里面装修极其奢华，最少价值一个亿吧。不过她1992年当时以620万港元买下了位于山顶的瑞燕大厦，是一个高层豪宅。你想想1992年的620万港元呀，175平方米，到现在为止已经涨了12倍。最近香港的房子真的又火了，我上次去香港带了好几个铁粉到那儿就直接买了。
>
> 问：那为啥要在香港买房？
> 答：我不能在这告诉你，关注我，让你的财富不断发酵。
>
> ——源自"地产酵母"

### 4. 买房知识

"买房知识"这个内容很宽泛，笔者不建议大家再做一些买房知识普及类的内容，各个平台类似的内容多如星辰。

在买房知识中，关于政府或银行出台的新的政策倒是可以拿出来讲一讲，比如"银行降息，我们的利息该怎么降""积分落户新政，如何快速落户""施教区更新，我们该怎么选房"等。

鉴于此项内容较少，大家可以借鉴"房超人长沙"的抖音号。

### 5. 预算框定

"预算框定"法可以撬动一个客层，广泛运用于获客型短视频中。如"预算199万元，到底买哪里？""月薪6000元的福音，这个板块适合你"等。

> **案例:"600万元通州买房选哪里?"**
>
> A:我有600万元买通州,怎么选?
>
> B:你这600万元是不是使劲挣的呀?
>
> A:那完全靠自己呀!
>
> B:那你就要谨慎一点。你一定要关注一件事情,从区域上来讲,不是通州所有的区域都叫副中心的,900多平方公里的通州只有155平方公里是副中心,也就是北京市政府的所在地、运河商务区包括旅游度假区这三个点是重点发展区域。你看市政府东迁会带来几十万的商务人士,那运河商务区呢,又是世界级的,会带来100多家的央企二级三级单位,还有旅游商务区,这些人群来了以后对于住房跟租房的需求是非常大的,所以置业首选当然选在运河商务区跟行政办公区了。其次,看一下旅游度假区,通州现在的教育、医疗、商业、交通各个方面都非常不错,未来潜力非常大,到2035年100多个学校和医院都会进去,所以不管投资还是自住,通州还是很有潜力的。通州这些楼盘呢,真的是很奇葩,优缺点并存,有的项目特别老,有的项目特别新,有的项目特别贵,如果你不知道怎么选,关注我,我在直播间告诉你。
>
> ——源自"地产酵母"

## 6.业主证言

与客户建立信任感、体现你的专业价值和服务价值,没有比"业主证言"更好的方式。在拍摄业主证言的时候,一定要注意四点:①尽量邀请业主出镜,如不出镜,可做面部处理;②采访过程可以很久,但剪辑出来的时间控制在120秒以内,把客套、恭维等平铺直叙的内容减掉;③业主需要着重讲一下你或者你团队最重要的品质:一切为客户着想;④服务不是讲出来的,而是通过画面体现出来的,比如手持鲜花、开香槟等。

这样的视频在全国以"小崔总严选好房产"为榜样,"南京红哥探房"也做得不错,这个账号还把线下交流看房团的情节也浓缩为视频,让客户对其信任更加笃定。

## 第五节  三段式短视频脚本的撰写技巧

本章第一节我们就提到三段式的短视频结构,这也是获客型短视频的经典结构,本节我们来谈谈它的具体撰写技巧。

讲技巧之前,笔者先展示一段优秀的短视频文案,来自"虎哥说车":

今天带你去看一套"水陆两栖"的成都别墅,不贵,只要1.5个小目标。走!

管家,开船!青山楼外楼,碧波水杨柳,船往家里走,人在湖中游。人送绰号"蜀上威尼斯"!

小区占地8300亩,湖水来自都江堰的支流,水质达到了饮用级别,这么说吧,你可以吃到自己小区产的大闸蟹。如果请朋友来家中做客,那也堪称4A级景区一日游。

到了。

这幢麓湖黑钰岛的临湖独栋占地2亩,还有一个漂浮的私家码头,别人在车库里停豪车,而你可以在家门口开游艇。还有400平方米的花园和360度的无敌湖景,弧面墙体、平直屋顶、全景天窗、"飞船造型"……来,进屋!

室内共有9卫4阳台6房16厅,荡个秋千乘个凉,泡个温泉看个浪,酒吧喝个快乐水,还有猛男健身房。海蓝色的影视厅,那也是必须的。

二楼客厅全明,劳斯莱斯幻影同款的羊绒地毯上洒满的是阳光的脚印。出门就是无边的镜面泳池,从此,家里也有了"网红打卡地"。

俗话说得好"男人会做饭,不做单身汉",用7位数的厨具烧一碗朴实无华的泡面,巴适(舒服)得很!

三楼是主人的阳光套房,而我想知道的是他们还招不招管家呢?

如果觉得无聊,你也可以在景区,噢,不,小区里转转,落体早雪、刺激尖叫,尾波逐浪、就是心跳,水上皮筏、你赶我超,马术跑圈、小心下掉,但是马屁,你可不要乱拍哦。

喂,马总啊,火锅我就不吃了,咱们杭州见!

这是一个探盘视频,全文536个字,时长138秒,没有出现过一个地产的专业词汇,甚至在介绍房型的时候都舍弃掉"南北通透""采光面大"等传统词汇,通篇在讲豪宅,但连"奢华""顶豪"这些高频词汇都不见踪影。

这个脚本有四大亮点:①客户全部听得懂,不需要去琢磨;②不重要的部分用顺口溜代替;③以点带面,通过"开游艇""羊绒地毯""泡面"等语言诠释项目的高端性;④幽默风趣,前后呼应,起承转合得自然流畅。

### 1.开头撰写的6种技巧

经过研究,我们总结了获客型短视频开头的6种技巧(图5-12):

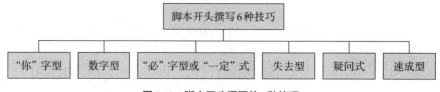

图5-12 脚本开头撰写的6种技巧

(1)"你"字型:指的是多以"你"字开头,让客户认为此事与"你"相关。如:疫情三年,你是不是没赚到钱?

（2）数字型：人类对10以下的数字都是很敏感的，从开头我们就抛出数字，让客户耐心听下去，如：7种方式教你跟开发商砍价，尤其是最后一种，直接省了20万元。

（3）"必"字型或"一定"式："必"和"一定"强调权威和专业性，而且具有极强的指向性，客户信任度倍增，如：预算300万元必看，其实改善客户最惨！

（4）失去型：我们对得到的东西会欣喜，对失去的东西会更警惕，抛出一个让客户觉得会失去的东西，往往会引起更多的关注。举三个例子：①把握不住5月份，2023你将失去再一次人生进阶的机会！②我本来不想买房了，但看了它之后，又有冲动了。③这个视频活不过三天……

（5）疑问式：疑问其实是自问自答，明知道答案，然后提出问题戳痛客户的内心。如：你还在指望房价降吗？事实上，仅用一周又涨回来了！

（6）速成型：将碎片化的信息进行归纳总结，给客户一种"看了这个视频就不需要再看其他视频"的感觉，两个例子：①房子适不适合你，看这个视频就够了！②小白买房，谨记这6条，售楼处都感叹你专业！

**2. 结尾撰写的6种技巧**

获客型短视频的结尾是能够让客户留资的重要部分，我们在潜意识里要让客户做四件事情：①让他浏览主页；②引发他的评论；③引进直播间继续洗脑；④引导他看其他视频。因为只有客户有了这些动作，他才有可能留下联系方式（图5-13）。

图5-13 脚本结尾撰写的6种技巧

(1)引导观看其他视频：关于高效砍价的方法我在上期视频里说了，看了保证你再省20万元！

(2)借故不说：还有一种方法更绝，评论区里告诉你！

(3)故意说错（自嘲）：领导非得让我这么说，其实有内幕，评论区告诉你！

(4)引导观看直播：视频里说不透，今晚观看直播，重大福利包你满意！

(5)引导联系：买房不要找我，免得我总是欠开发商（领导）人情！

(6)故意伤害：买了×××板块的朋友，该醒醒了，想要置换联系我！

**3. 中间部分撰写的6种技巧**

获客型短视频中间部分的撰写难度极大，我们依然为大家准备了6种写作技巧（图5-14）：

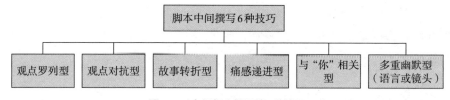

图5-14 中间部分撰写的6种技巧

(1)观点罗列型：在开头或者标题阶段就告诉大家这个视频要讲几点，其中最后一个观点尤为重要。

**案例："没有这6点的洋房千万不能买"**

你知道改善是要卖了高层换洋房吗？你真的知道什么叫洋房吗？洋房一定要满足以下6点，不然要被骗了损失的是你。（开始罗列）第一，洋房楼层不要高于6层；第二，洋房一定要带电梯；第三，容积率低于2才是真洋房；第四，车库可以直接进电梯；第五，洋房一定是一梯一户，最多一梯两户；第六，一楼和顶楼高赠送，比如送花园送露台。你明白了吗？

——源自"泉哥说房产"

（2）观点对抗型：分别阐述两种不同的观点，进行信息上的对抗，一人分饰两角的形式更加有趣。

案例：买车位好还是租车位好？

买车位好还是租车位好？到底是买划算还是租划算呢？这个问题呢困扰了大多数人。

今天我用一分钟给大家讲清楚，一定要记得点赞收藏。

我们以三四线城市为例，买一个车位大约12万元，租车位一年的租金约3000元左右。12万元如果不买车位的话，一年大约有4000块钱的利息，这样的话就能解决问题了，何必要动用本金呢？

所以租车位还是买车位，取决于小区的客群定位和车位配比。比如低密度的洋房和别墅小区，车位配比通常在2.1左右，通俗地讲就是一套房子对应了2.1个车位，这种类型的小区车位比较贵，租车位比买划算。如果是以高层产品为主的刚需小区，车位配比通常在1.2以下，随着车辆越来越多，停车的问题会越来越严重，可以考虑买车位。

买车位一定要注意，除了产权车位，还有部分的使用权车位。使用权车位包含公共车位和人防车位。公共车位占用的是小区公共空间，产权属于全体业主所有；人防车位是由开发商建设，物业维护，产权归市人防办。使用权车位只能用于出租，不能买卖。如果要使用的话，车位和产权车位的差价不能超过30%，尽量选择产权车位。提醒一下

> 大家,普通车位和子母车位到底该怎么选呢?记住这个口诀:车头朝外,先选左边靠柱子的,次选右边靠柱子的,中间和靠墙的,不要选择子母车位。
>
> ——源自"娜聊房产"

(3)故事转折型:只讲述一个故事,但故事最好设置10~15秒一个转折。

### 案例:北宋"开发商"苏东坡

今天我们来看一下北宋著名"开发商"苏东坡的豪宅。当然了,他是被朝廷逼成"开发商"的。

1080年,苏东坡被贬到黄州,一开始只能住寺庙,因为被贬的官员是没资格住公家宿舍的。后来黄州太守通融让他们一家住进了公家宿舍——临高亭,还是个江景房。

我猜是因为江边湿气太重,苏东坡又在城外找了个地儿,盖起了农民自建房,一共盖了五间,因为在城东的坡地上,他开始叫自己东坡居士。

1094年,他又被贬到了广东惠州,也没房子住,于是又张罗起买地盖房,他只买得起山顶上本来用做盖寺庙的土地,一口气盖了20间房。那时候他已经60多岁了,结果才住了两个月,又被贬到了海南儋州。

在北宋放逐到海南,是仅仅比满门抄斩轻一个等级的处罚。这次有经验了,立马盖起了几间非常简陋的土屋,但他非常乐观,写下了"我本儋耳人,寄生西蜀州",把儋州当成自己的第二故乡。

不停被别人居无定所,但他依然保持乐观豁达,这或许是我们爱苏东坡的原因，在新的一年，希望所有人都能够是一个理性的乐观派。

——源自"康康说房"

（4）痛感递进型：通过讲述一个观点，递进式地戳痛客户的内心。如：2023年房价突然涨起来了，我们在去年错失了一次抄底的好时机（第一次），今年你依然持币观望吗？那么你将永远失去在苏州购买优质资产的机会（递进），也许你会觉得无所谓，但是我还想说，这也许是未来五年唯一一次实现人生财富进阶的机会（再次递进）……

**案例："通胀时代　提前还贷"**

全球通胀时代，要不要提前还房贷？告诉你一个残酷的现实，银行就是穷人给富人服务的机构，穷人千方百计地把钱存进来，富人千方百计地把钱贷出去，归根结底呢，穷人看到的是手里静态的钱，而富人看到的是流动的时间，说了这么多和提前还贷有什么关系呢？还真有关系，听我娓娓道来。什么叫通货膨胀，就是市场上的钱越来越多，钱越来越不值钱，以前5毛一斤的鸡蛋，现在是不是至少要3块多？过去20年我们的通胀率是6.3%，这个数据不重要，重要的是你要知道我们的钱确实越来越不值钱了，你要知道，30年前最早一批上海的商品房业主如果还在坚持还月供，目前每个月的金额应该是80~300块不等（第一次痛感），所以，你要不要提前还房贷呢？

中华民族的优良传统告诉我们，不到万不得已千万不要向别人借钱，在这个思维引导下，有些人的人生目标就是多赚钱，早日把房贷还清就完了，而且还房贷的时候是尽量少付利息，希望早日无贷一身轻，然而这个世界其实很残酷的，无脑追寻老祖宗留下来的美德反倒

> 会让你成为挨宰的老实人,你提前还进去的钱又被有资产去抵押的富人借走了,然后再去赚钱,这就是资本的本质,你被利用了(第二次痛感)!所以呢,不论是因为通货膨胀还是为了要少让资本剥削我们,记得:不要提前还贷!
>
> ——源自"泉哥说房产"

(5)与"你"相关型:一般用于讲述新政策的发布或者区域内出现利好消息,因为大部分人觉得一个政策的发布与自己无关,但这时你需要将政策解读完毕之后,与客户的切身利益相关联,这样客户就有继续看下去的动力。

> **案例:"房贷可以到100岁了"**
>
> 又一次见证历史了,房贷可以到100岁了,惊不惊喜?是不是等我们临终前躺在床上吸着氧气的时候,银行还会打电话来说让我们再等一等,先把房贷结清了再走,不然的话要把墓地法拍?这几年真的发生了很多认为不可能发生的事情。
>
> 红哥是在南京卖房的,说说我的观点。我相信前几年高位买错房的人深有体会,一边省吃俭用还着房贷,一边房价下跌,进退两难。所以不要再听那些所谓的专家忽悠了,盲目闭着眼睛随便乱买房。今年一开年,迎来的并非楼市的暴涨,而是提前还贷潮。
>
> (开始与"你"相关)前不久粉丝想要提前还房贷,竟然被要求等六个月之后,于是他就打了12378,就在放弃的那一刻,银行妥协了。五点总结,以后不要再说12378没有用了,是你处理的方式不对。
>
> 第一,这个电话比较难打,请你多一点耐心,多换一些时间段去拨打。第二,如果在电话当中他给你另外一个号码,你千万不要接受,

不然你就被踢皮球了。这就是为什么多数人说打12378没有用的真实原因，因为你压根儿投诉就没有生成。第三，请接线员记录诉求，你提前还贷，为什么不让？是不是涉嫌霸王条款？请问多出来的六个月的利息谁来承担？第四，受理之后，会下一个任务单到你按揭的分行，到这一步投诉才算是正式生效，同时你也会收到一条短信。第五，投诉生成之后，银行是要被处罚的，所以一定会有人来跟你协商撤诉，这个时候啊，你才掌控了主动权，主动还款成功，记得来评论区来告诉我，分享一下你的经验。

——源自"南京红哥探房"

（6）多重幽默型：也许你的观点陈述很一般，但是你的语言风格是风趣幽默的或者是嘲讽调侃的，客户也会一直听下去，如果在视频剪辑的时候配合一些幽默的音乐音效和幽默的素材效果更佳！

**案例："房价下跌 礼貌吵架"**

业主：您好，您这边有没有时间，我这边有一个架，想马上和你吵一下。

开发商：你好，尊贵的业主，躲不过去的话，我们这边只好配合您吵一架。

业主：好的，经过我们的调查，发现咱们的项目已经降价了4000元一平方米，我们一个月已经损失了四五十万元了，这就是我们吵架的原因，请问您对此有什么好的解释？

开发商：嗯，您这边的情况我们已经基本了解，我们这边能给到你的最大的狡辩词是现在楼市太差，房子根本卖不出去，马上要过年了，为了快速回笼资金，回血保命，就拿出了一部分房源以工抵房的名义销售，才导致了此种事情的发生。

业主：好的，我们对你们这样的回复很不满意，当初你们卖房的时候可不是这样说的，你们说项目有多好卖，后面只会涨价不会降价，我们现在有四个字，送给你们：无良商家！你看你们还有什么好的解释？

开发商：好的，您给我们的这个评价，我们只能说抱歉，我们现在能给到你的继续狡辩词是：我们也是迫于无奈，不这样做，后面的项目可能都交付不了。也不想降价，我们也是受害者，要怪只能怪今年不可抗力因素太多，您看我们这样的回答您满意吗？

业主：好的，我们对你们这样的回答很不满意，你们真的是黑心开发商，为了谋利，泯灭良知，我们是弱势群体，好多90后业主掏光六个人的口袋，好不容易买了一套房，一边还着高额利息，一边首付快亏掉了，一家人辛辛苦苦赚的钱全都打了水漂，承受着各方面的压力，我们现在单方面要求还我们血汗钱。

开发商：非常抱歉，我们现在还能给到你的最后的狡辩词是：我们都是成年人，要为自己的行为负责，愿赌服输，现在是降价了，你们要赔钱，那如果涨价了呢，你们是不是要给我们分钱呢？你看我这样的回答你满意吗？

业主：我们对你们这样的回答非常不满意，房子还没交房就白白损失了几十万元，谁能投资得起？现在你们的问题我们已经归纳为态度问题，甚至是三观问题，所以我们现在的诉求是集体退房。

开发商：好的，非常抱歉你们这边的诉求我们已经收到了，鉴于商品房买卖合同里面没有承诺降价可以退房，我们接受不了退房，请问您看还有别的解决方案吗？

业主：好的，如果不退房，我们的解决方案是要求补偿差价，和现在买房人一视同仁，而且现在立刻马上补偿给我们，并且不允许后面继续降价。

开发商：好的，非常抱歉，您提出的这个诉求我们暂时满足不了，我们这边能做到的最大的让步就是到库房里面给您争取一个电饭煲，争取使你们心情愉悦，您看这样的处理方案可行不？

业主：好的，经过评估，你们这个解决方案太过于敷衍，我们是相当不能接受，你们看还有没有其他的解决方案。

开发商：好的，其他的解决方案我们会在三个工作日之内给您回复，您看可以不？

业主：三个工作日太长了，请在两个工作日之内给我们回复，因为我们怕时间太长，忍不住把售楼处砸掉，要打你们，让你们没有办法卖房，两个工作日没有商量！

开发商：好的，我们会在两个工作日尽快给你们回复。

业主：好的，我们今天就谈到这里，合作愉快！

开发商：好的，合作愉快！

——源自"南京红哥探房"

随着科技的发展，脚本写作方面有了一些工具可以使用，比如ChatGPT、文心一言等新兴工具，还有抖音自带的"剧本创意大师"工具，但这些工具可能有内容、有场景、有趣味，但唯独缺少了观众最在意的情绪！

# 进阶技能

## 第一节 心法一：爆款选题的表达模型有哪些？

在前文中我们反复提到，任何做新媒体的团队都应该建立内容中台，有了内容中台之后，主播可以随意调取任何口播素材并掌握相关话术，甚至在很多时候，我们并不是每天都拍摄，而是一次性把一个月的内容全部都拍摄了，除非遇到政策热点，为了获取泛流量可以快速组稿快速拍剪。

事实上地产行业是存在一些固定的"破播选题"的，什么叫"破播选题"？要知道优质的内容是可以复制的，这些选题无论是谁来讲，大概率是可以破播放量的，突破到5000个阅读量是相对轻松的事情。

我们总结了五类"破播选题"，供大家参考（图5-15）：

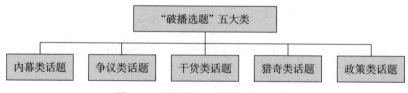

图5-15 地产抖音"破播选题"五大类

### 1. 内幕类话题

网传某银行行长的十条买房经验

刚离职的项目总监透露出来8条买房铁律

这20个地级市，房价最便宜

买房月入多少才供得起总价300W的房子？

99%的人都不知道的买房小秘密

这一条短视频得罪了好多人，可能随时会删除

至少有多少钱，可以躺平不上班

致地产人的三个忠告，地产人的未来如何打开局面

买200W的房子，五年后涨多少才不会亏本？

买房攻略：房产证加上孩子名字的四大好处

**2. 争议类话题**

婚前买的房子婚后要一起还贷吗？

房贷逾期怎么办？三个电话要牢记！

房产知识：贷款买房全流程，做完这12步，房子才是你的！

房子怎么转给子女最划算？三种方法，一定要记清！

房产知识：房产证上要不要写夫妻两个人的名字？

女子购房疑被中介吃200万元差价

公摊这一次又上热搜了，你觉得这次能取消吗？

看完这个贷款买房方案的底层逻辑，你会豁然开朗要不要贷款买房

**3. 干货类话题**

如果老破小附带核心学区，你觉得值得考虑吗？

上有老，下有小，买房应该考虑哪些因素？

升值的永远是稀缺的土地，房子是产品，产品都会折旧，你觉得折旧=贬值吗？

女孩子婚前要买房吗？

如果每月还款没有压力呢？一定看到最后

套内计价政策的最全面解读，看完你一定能明白

记得收藏,为什么我不推荐买顶层住宅?

为什么我不推荐买一楼?

新楼盘装了新风系统,是真实用还只是噱头?

### 4.猎奇类话题

当地的富二代都住哪?

当地哪个小区房子涨得最快?

当地最贵的贵族学校学费是多少?

当地的穷人都住哪?

未来当地会拆出千万富豪的地方有哪些?

当地哪个小区的大门最有面子?

深圳最有钱的人都住在哪里呢?

当地最有钱的明星都住哪?

某某在汤臣一品的置业,目前单价最高30多万

### 5.政策法规类

你家上门普查了吗,普查数据出来,会影响房价吗?

降息突发,降准之后再降息,买房人注意了!

北京未来东三环最后的上车机会,建议一定看到第28秒后再来判断!

为什么非限价城市买十年内二手毛坯房?

左手历史右手繁华的成都豪宅D10,为什么被90后所偏爱,让我们来看看吧!

土拍这一次降价的消息,估计会让之前买了房的人都哭晕在厕所

房产税来了,房价会降吗

少林寺也进军房地产了,现在到底是不是换房的好时机?

注:以上选题源自网络收集

另外，我们还可以将选题进行细分，细分的原则是遵循客户的"猎奇心态""反差心态"和"害怕失去心态"，举例如下：

【排行榜系列】××城市豪宅排行榜/××城市保值率最高排行榜……

【钱的话题】在××，拥有100万元你是买房还是存银行？/100万元，在××能买哪？

【原始欲望】黑丝+豪宅/肌肉男+公寓

【身份反差】开二手奥拓，买千万豪宅

【羊群效应】一群人围着沙盘+钩子话题

【条件限定】28岁辞职，花80万元在洱海边买房是种什么样的体验？/工作10年，花光积蓄在××买了套30平方米房子

【跨界组合】卖房+人物拍照（高级感客户成交喜悦照）

【权威站台】城市名人（或群体）为什么会买在这个小区

【扮猪吃老虎】100家门店的中介老板当门店普通员工一天

【损失厌恶】在××，不知道这5点买房经验，你可能会损失一辆宝马

【内幕解密】辞职的售楼处小姐姐，告诉你售楼处不会说的事

【争议较量】买公寓就是入坑的开始/买城南还是买城东？哪个更有潜力……

【反认知】千万不要系列……/中介最不喜欢的房子系列

【冲突预设】冲突前置+过程记录

【痛点揭示】在××，10年不涨的小区，有你家吗？

## 第二节　心法二：如何发挥探盘视频不同位置文案的最大效用？

获客型的探盘视频大多采用一镜到底模式，一般在40～60秒之间，视频固然重要，但对此种视频来说文案的功效不容小觑。

一镜到底视频的文案一共分为四个部分（图5-16）：

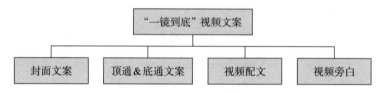

图5-16　"一镜到底"探盘视频文案的四个部分

这四个部分文案各有各的作用，也各有各的表达模型，我们用一张表格把问题说清楚（表5-2）：

"一镜到底"文案的效用和表达模型　　　表5-2

| 文案名称 | 文案作用 | 表达模型 |
| --- | --- | --- |
| 封面文案 | 好奇+选择 | （1）区域+产品（亮点）<br>（2）价格（首付）+产品<br>（3）价格（首付）+区域 |
| 顶通&底通文案 | 占便宜 | （1）学区+价格（首付）<br>（2）价格（首付）+产品 |
| 视频配文 | 价值累加 | 价格+学区+地段+品牌+关键词 |
| 视频旁白 | 带动情绪，激起购买欲 | 价格+核心配套+产品+引导留言 |

## 1. 封面文案

探盘类的视频文案一方面要引起客户的好奇，另一方面，多个房源像商品陈列在店铺里一样，要便于客户挑选最喜欢的那个。

客户因两个卖点会被吸引，一是楼盘所在的区域，二是首付金额，因此我们给出了三个表达模型。

笔者在众多探盘号中找到了"增增探盘"这个号（图5-17），其封面不管是文案技巧还是平面设计皆堪称上乘。

图5-17 抖音号"增增探盘"封面

## 2. 顶通&底通文案

客户由封面点击视频之后，只有让他觉得"占了便宜"才会停留观看，顶通相当于售楼处的卖点展板，一定要把1～2个核心卖点（尤其是超高的性价比）放置在顶通。底通文案一般是旁白的字幕，一般不用重拟文案，但字体和颜色一定要明显突出。

## 3. 视频配文

视频的配文是卖点的罗列，决定了客户要不要去评论或者私信，因此建议把这个项目大部分的卖点都写上去，因此我们建议的表达模型是"价格+学区+地段+品牌+关键词"。

在顶通和配文方面做得比较好的账号是"济南房探"，笔者截取一个视频的页面供大家参考（图5-18）：

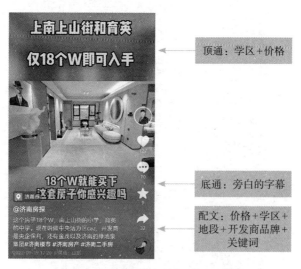

图5-18　抖音号"济南房探"的文案

**4. 视频旁白**

视频旁白是跟着房间的布局解说房屋，但其实有40%的时间讲的是这个房子的核心配套、窗外景观、价格等，因为不是所有的功能区域都值得去推介，因为我们的目的是把客户的情绪带入视频中来，激发其购买的欲望，因此旁白的表达模型是"价格+核心配套+产品+引导留言"。

笔者摘选了"济南房探"某个视频的文案，全文仅132个字，但是每句话都暗藏销售信息——

仅18万就可以买下这套房子，你感兴趣吗？今天看一套首付18万就可买到手的96平三居室，南北通透，采光视野非常不错，上南上山街和育英（学校），这样的房子你感兴趣吗？房子一共有三个卧室，满足两代人日常居住没有问题（产品），位置非常的不错，在济南中央活力区（地段），感兴趣吗？评论区留言带您实地看房（引导留言）。

## 第三节　心法三：如何运用标准化说辞创造出爆款短视频？

对于很多从事营销工作的人来说，撰写脚本是一件很难的事情，除了借鉴别人的选题和脚本之外，有没有什么速成且有效的办法呢？有没有一套可以复制的模板呢？本节我们讲述的便是如何运用标准化说辞创造出爆款短视频。

**1."金字塔"表达模型**

"金字塔"表达模型是基于三段式脚本构建而来的，其模型如图5-19所示：

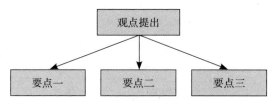

图5-19 "金字塔"表达模型

视频开场5~10秒内我们需要矛盾前置,直接抛出问题,引发客户好奇;或者制造悬念,抓住客户眼球;中间部分最多讲三个要点,每个点要么有依据要么有图有真相,给客户一个点赞的理由;最后收尾时以真诚或专业打动客户,给客户一个评论和留资的理由。

基于以上模型,我们给到大家这样的创作思路表(表5-3):

"金字塔"表达模型的创作思路表　　　　　　表5-3

| 视频选题: | | |
|---|---|---|
| 时长分布 | 作用 | 脚本 |
| 前2秒 | 2秒跳出率,停留理由 | 矛盾前置+阐明观点 |
| 3~10秒 | 持续观看的埋由 | |
| 11~20秒 | 点赞理由 | 观点一 |
| 21~30秒 | | 观点二 |
| 31~40秒 | | 观点三 |
| 41~50秒 | 互动理由 | 引导互动 |
| 51~60秒 | 咨询理由 | 真诚/专业打动 |

利用这样的表格可以约束创作者的思路和字数,如果换成写作文专用的文稿纸效果更佳,为了把这个表达模型说明白,我们举例说明(表5-4):

"金字塔"表达模型的脚本示例  表5-4

| 作用 | 脚本 |
|---|---|
| 停留理由 | 今天冒着被【城市】全行业封杀的风险得罪一下全市的开发商 |
| 持续观看的理由 | 这也是我这个抖音号年前出的最全的避坑大全,请大家务必耐心看完 |
| 点赞理由 | 在区域选择方面,A区域直接放弃不选,因为【观点】,以下楼盘直接不用去看,B项目、C项目、D项目,不是因为他们房子不好,只是我个人从业10年卖房子的经验告诉我这些项目总体性价比不高,从我个人立场,我觉得如果同等预算、同等价格,我为什么不能带粉丝去选择更好的楼盘呢,统统得罪一遍,开发商的老铁们,先说声对不起了 |
| | 选【B项目】,需要接受它的【缺点】,不要选【某栋】或【某户型】,因为【理由】,要选就选【某栋】或【某户型】 |
| | 选【C项目】,需要接受它的【缺点】,不要选【某栋】或【某户型】,因为【理由】,要选就选【某栋】或【某户型】 |
| | 选【D项目】,需要接受它的【缺点】,不要选【某栋】或【某户型】,因为【理由】,要选就选【某栋】或【某户型】 |
| 互动理由 | 以上纯属个人观点,我带我粉丝去看房就是这么挑的,有任何问题可以评论区给我留言,我会一一解答 |
| 咨询理由 | 当然,项目的动态一直在改变,产品不可能一成不变,好房子依旧有人买。但我不喜欢的房子,粉丝就算找我带看我也是拒绝的,因为我相信自己这么多年的专业。如果哪天我没有更新作品了,或者刷不到我了,请记住有一个人冒着失业的风险为您保驾护航 |

### 2."黄金圈"表达模型

"黄金圈"表达模型是基于"why-what-how"的自我提问方式构建而来的,它最大的优势是要求我们每一位脚本撰写者首先思考的不是文案逻辑,而是针对特定客户的营销方案(图5-20):

图 5-20 "黄金圈"表达模型

此表达模型较"金字塔"模型略为复杂,但归根结底是"提出痛点"到"解答痛点"的过程,我们依然给出一个写作框架供大家参考(表 5-5):

"黄金圈"表达模型的脚本示例　　　　　　　　表 5-5

| 视频标题 | 【A 楼盘】能不能买? |
|---|---|
| 视频话题 | #城市+房产 #A 楼盘 |
| 作　用 | 脚　本 |
| 提出痛点 | 【城市】【A 楼盘】怎么样?能不能买?看完这条视频你将全面了解这个楼盘所有的优点和缺点。 |
| 分析痛点 | 老规矩,先说【A 楼盘】的优点:<br>优点一:【优点】并配图<br>优点二:【优点】并配图<br>优点三:【优点】并配图<br>在描述这些观点的时候,一定是客观存在的事实!<br>再说说【A 楼盘】的缺点:<br>缺点一:【缺点】并配图<br>缺点二:【缺点】并配图<br>缺点三:【缺点】并配图 |

续表

| 作用 | 脚本 |
|---|---|
| 解决痛点 | 我再从自己从业10年的经验分析一下，【A楼盘】哪几个户型不能买，如果要买，哪几个户型更合适。假如你过了几个月才看到这个视频，也可以私信我，因为每个月的情况不同。<br>先说位置，首先【A楼盘】的【某栋】不建议选，因为【原因】。<br>你优先选择【某栋】，因为【原因】；再说说户型，【A户型】不建议选，因为【原因】，我个人建议选【B户型】，因为【原因】 |
| 找我理由 | 如果你看到这里认为我讲的内容对你有实际性帮助，点个赞，接着往下来，我相信你这个楼盘感兴趣。我在【城市】做了10年地产，发现目前这个片区的很多房子是不适合买的，而且当下市场环境很一般，选房更要慎重，如果你有担心，可以私信我，我会根据你个人情况把这个片区适合你的所有楼盘真实情况给你分析分析，相信可以给你和家庭很大的帮助，也帮你省了很多精力，相信我一次，还你终身不后悔 |

# 第六章　账号基础运营及团队运营

很多人说：内容是最好的运营。这句话如果对内容型自媒体来说是对的，但是对于获客型自媒体来说，运营比内容要重要得多！该岗位事关账号的热度，事关直播的成败，事关管理的效能，事关客资的留存，因此，账号的核心不是主播，而是运营。

## 第一节　地产新媒体运营岗的核心工作

对于获客型自媒体来说，运营即一切。

然而，我们却发现很多新媒体公司要么没有运营岗，要么只是将运营当作发布岗来使用，甚至在招聘不到运营的时候老板亲自当运营，这都是极其错误的做法。新媒体时代下，运营将是一门新兴的学科，我们业内将运营岗的称谓已经上升为"流量操盘手"的高度。

流量操盘手，顾名思义，既要负责流量，又要负责成交，该岗位无论在开发商端，还是在分销中介端都是仅次于项目操盘手的存在。

我们来看一张新媒体工作流程图（图6-1）：

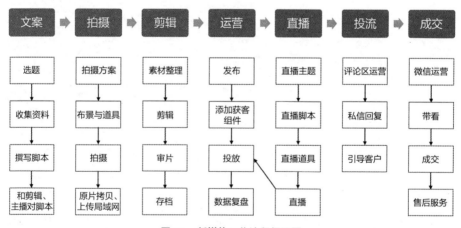

图6-1　新媒体工作流程闭环图

在图中我们发现，运营似乎只存在于发布、投放、数据等环节中，但其实"数据复盘"则代表了一切，因为它是检验选题、脚本、直播等获客能力的唯一标准，所以运营绝对不应该是纯粹的执行岗，而是管理岗和统筹岗。

**1. 运营在短视频领域的工作内容**

在前文我们反复提到，任何一个新媒体组织应该建立属于自己的内容中台，减少团队在内容生产上的工作负荷，尤其是开发商团队，很多抖音账号都是由渠道或销售打理的，他们更需要每天在线上付出的精力。这件事情就交到了运营和相关文案手里，我们为此总结出运营在短视频领域需要做的四大模块工作（图6-2）：

图6-2　短视频领域中运营工作的四大模块

1）工作计划与监督

每一位运营都应该有一张工作计划及销项表，把每周或每月的工作计划详细排出，并且以分钟为单位列明每个视频的拍摄时间和发布时间，如果短视频从拍摄到剪辑时间超过30分钟其实是不合格的。当然，我们更加倡导每个月集中1～2天内把当月所有的选题全部拍摄完毕，遇到热点类的视频则按30分钟为一个工作单位。

在内容方面，运营还需要参与选题建议、市场热点建议、市场热盘建议等，让文案有的放矢，创作出更具获客能力的脚本；在管理方面，要参与作品拍剪的进度管理，针对成片要进行检查和分析；在获客端，要参与客资的安排和管理，对接每一个选房师的工作和对客户的反馈进行记录。

2)建立"八大库"

"八大库"是对内容中台的细分,"八大库"指的是八类内容的集成(图6-3),可以随时调阅,随时使用。

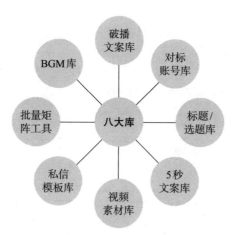

图6-3 "八大库"的具体内容

"破播文案库"我们已经在本书第五章"心法一"中列明,文案只要根据选题扩充为60秒以内的脚本即可;"对标账号库"除了是我们的学习对象之外,还可以再寻找一些"奶牛型"账号,可以为我们提供源源不断的选题和脚本;"标题/选题库"指的是获客型标题或选题的几种写法;"5秒文案库"指的是精彩的开头,可以帮助我们提升"5秒完播率"的脚本,本书在第五章第五节中也详细阐述;"视频素材库"指的是这个城市或者项目周边的标志性地标或配套,技术人员可以按照配套名称或者板块为分类依据,建立城市视频库;"私信模板库"指的是根据客户可能问到的问题设置标准化回答样本;"BGM库"则指的是通用、热门且不会带来版权纠纷的音乐库,我们建议大家多采用"汽水音乐"App中的音乐,它是抖音官方推出的App,里面有当下最热门的音乐排行榜。

3）运用管理工具

我们在运营过程中为了提升工作效率，会使用很多工具，比如查重网站、文案提取工具、AI仿声工具、ChatGPT、New Bing等。

有两类工具更应该好好去学习，一类是投流工具，"巨量引擎"中的"巨量广告"更适合房地产行业的投流；另外一类是矩阵工具，比如"推兔"和"短视频助手"两个工具是使用最广的，其中"推兔"适用于初级运营者，它可以使用多平台、多账号的统一运营，把抖音、视频号、快手、哔哩哔哩、小红书和西瓜视频六大平台整合在同一个后台，实现一键发布功能。

4）数据分析与投流

"2秒跳出率""5秒完播率""平均停留时长"等都是衡量优质短视频的重要依据，针对账号或单个作品的数据统计与分析不是难事，抖音后台和上文提及的管理工具均可以实现，但运营应该要学会从数据中找到短视频或者直播的问题所在，更要学会通过与客户的互动中找到选题和商机。

比如我们常说很重视评论区，那么评论区我们应该注意什么呢？

作品总有多少条评论，多少条是用户回复的，多少条是作者回复的？

这些评论中，作者都挑了哪些内容进行回复，回复的具体内容是什么，有什么规律，包括用户留言的这些内容有什么规律？

评论中是否有导流的，如何导流的？具体的话术是什么？

评论中经常出现和领域相关的关键词有哪些？

评论区用户都问了哪些问题？

用户是否参与到用户的评论，参与的原因是什么？

用户的评论和视频内容中、视频下方标题中、封面中哪几个点有很大的关系，是什么原因引发他们进行评论？

用户的每一条评论都是围绕哪个点在强调的？视频中有哪几个点（动作、行为、背景、出现的文字、服装、物品）经常被用户提到、评论或吐槽？

哪些用户给你的评论点赞了？

作者评论中是否有很强的目的？

评论数量与点赞数量哪个多？是什么引起评论数量高于点赞数量？大家在评论区都在讨论什么？

视频中的评论与视频内容的关系？

视频中的评论与视频下方的标题有没有关系？

用户的评论点赞最高的是哪条，这条评论有什么优点？

同一个用户参与了你哪些作品的评论？

**2.运营在直播领域的工作内容**

如果说运营在短视频领域处于统筹和管理地位，那么，在直播领域中，运营则是核心地位！好的直播＝主播的情绪价值＋运营的综合价值！

在直播领域，运营岗也有四大模块的工作（图6-4）：

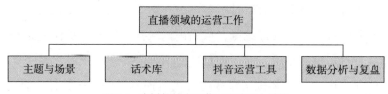

图6-4 直播领域中运营工作的四大模块

1）主题与场景

主播和运营，谁是直播间的第一责任人？

笔者认为主播是内容的第一责任人，运营是结果的第一责任人，所以，直播和运营应该通力合作才能确保每一场直播的效果。

主播展示给大家看到的是在镜头前，但是在镜头后面，主播应该用大量的时间去"选品"，找到市场热点和热门项目，从而策划出更吸引人气的直播。其实"选品"的过程就是主题的形成过程，主题理应由主播和运营协同完成。

有了主题之后，在什么场景下直播？走播还是坐播？如果是坐播，需要展示哪些背景或道具？这些工作依然属于运营的范畴。

2）话术库

"话术库"原本是属于主播的工作范畴，但"基于数据分析之后的话术库"则应该由运营负责。什么样的话术适合暖场？什么样的话术留资效果最好？什么样的话术能起到良好的拉新效果？主播在直播的时候是不知道的，但直播之后系统数据会告诉我们答案，运营则需要对不同时段的效果进行分析，为主播话术的优化提供意见。

3）抖音运营工具

直播前我们是否要使用引流视频，是否要对引流视频进行投流？小风车怎么挂载？福袋和福利什么时候分发？直播获取的客资怎么管理和分发……这一系列问题也是运营岗的职责范围，这一项内容本书会在下一节详细阐述。

4）数据分析与复盘

直播数据与复盘是运营岗的重要工作之一，也是提升主播技巧的唯一衡量标尺。

我们建议运营将直播全过程进行录屏，根据后台数据分析主播话术的效果，指出优点和不足；另外，在直播过程中运营需要注意投流，对于主播表现力较好的直播间采用巨量广告投流，对于主播表现欠佳的直播间采用"先投视频再引流至直播间"的方式进行投流。

直播间关键看5个数据（图6-5），而且遵循的是"短板理论"，哪个数据不好就应该提升哪个数据，因为直播间的这5个数据只要有一个数据不好都会影响权重。

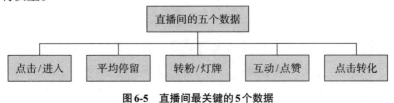

图6-5　直播间最关键的5个数据

另外，运营还要关注主播在直播间的行为，尤其是敏感词问题，抖音官方发布的敏感词汇表，内容极多，大家只要记住"六不说"即可：政治类不说、极限词不说、金融类不说、绝对话不说、迷信类不说、医疗类不说！

附：抖音引流检查清单（表6-1）

短视频检查清单　　　　　　　　　　　　　表6-1

| 序号 | 检查项 | 检查细项 |
| --- | --- | --- |
| 1 | 账号主图 | 是否能正常展示 |
| 2 | 账号简介 | 是否有折叠情况 |
| 3 | 账号数据 | 点赞量、粉丝量、关注栏（私密是否开启） |
| 4 | 合集 | 合集标题引流设置是否正常 |
| 5 | 置顶视频 | 置顶视频包括创业者故事、业务范围、业主证言等 |
| 6 | 视频 | 发布后置顶引流文案或钩子，关注置顶是否成功 |
| 7 | 粉丝群 | 群公告引流设置/关闭进群审批/进群欢迎语设置/清理偷流量的人/主页展示设置/关注粉丝群扩容情况 |
| 8 | 评论区 | 回复所有评论，尽量不做控评 |
| 9 | 投放 | 对接近下一个流量池的视频做投放 |
| 10 | 检测 | 每天检测账号状态，对流量不好的视频隐藏处理 |
| 11 | 内容 | 检查内容是否符合平台推送逻辑 |
| 12 | 数据 | 视频播放量/置顶评论已读量/主页访问量/主动群发量/被动回复已读量 |

## 第二节　抖音后台基础工具运用

抖音是一个后台工具极其强大的平台，有很多运营者对抖音自带的功能都不太了解，为此，本节将抖音自带的且日常使用频次较高的二十几个功能和操作步骤和大家讲清楚。

## 1.抖音短视频运营工具

1）抖音账号自检自查

（1）标记相似作者：创作者中心→全部→创作实验室→标记相似作者。

（2）垂类标签设置：创作者中心→全部→创作实验室→创作者标签→选择合适标签。

（3）账号状态自检：创作者中心→全部→账号检测→开始检测。

2）抖音发布的三大工具

（1）短视频配文与添加话题。

（2）短视频选题与社会热点的关联。

（3）添加短视频定位与经营工具。

短视频发布的时候可以添加两个小组件，一个是位置定位，记得要定位在人口密集区，或者定位的地址与视频的内容有关；另外一个是"在线预约"的经营工具，客户可以点击进去留资，但需要说明的是：以上两个工具不可同时使用。

3）短视频发布五大技巧

（1）短视频流量的三个便捷入口：抖音热点宝、热点小助手（须满足粉丝1万以上）和巨量算数。

（2）短视频发布时间选择：创作者中心→数据中心→粉丝数据→查看"热门在线时段"。

（3）私信自动回复工具：企业服务中心→我的工作台→打开"自动回复"→编辑你的欢迎语。

（4）短视频的雷区与短视频质量自检：下载"巨量算数"→搜索"前测工具"→点击"创建检测任务"。

4）抖加投放技巧

（1）同城引流：投放本地→年龄选择"＜50岁"→少量多次→时间选

择"24小时"→账号前期选择投放"点赞"和"评论",后期选择"涨粉"和"留资"。

(2)抖加投放时机:当点赞率＞3%,一小时内的阅读量是以前的2～3倍,开始投放抖加。

5)抖音数据分析的三种工具

(1)作品数据分析:点击转发按钮→数据分析→查看"播放分析""互动分析"和"粉丝变化"。

(2)作品受众分析:数据分析→查阅"受众人群"中的各项数据。

(3)账号数据分析、粉丝数据分析:创作者中心→数据中心→查阅"账号数据"和"粉丝数据"。

**2.抖音直播运营工具**

1)直播前的三大准备工作

(1)直播主题拟定。

(2)直播公告设置:直播动态→"去编辑"→启用直播预告→同步预告贴纸到作品→选择几个已发布的短视频作品。

(3)直播引流视频:开播前2～3个小时发布直播引流视频,引流视频结尾一定要设置悬念,发布之后可以尝试用DOU+加热引流视频,引流视频里可以把本次直播的福利进行预告,当然你也可以发布多个引流视频。

2)直播中的三大工具运用

(1)小风车挂载:开播后点击"小风车"→主播选择员工号→选择常用在线咨询工具。

(2)直播间背景选择:如果是手机直播,建议使用纯色背景;如果用相机直播,可以在背景后面设置多个图片或视频。

(3)直播间福袋发放:功能→福袋→编辑"人均可得抖币""参与对象""可中奖人数"等信息。

3）直播后的三大运营工具

（1）查看客户留资：抖音信息栏推送"服务通知"→新线索落入→查看客户姓名和联系方式；为了保证客资的安全，可以给员工号设置权限禁止其查看线索。

（2）查看单场直播数据：直播动态→主播中心→数据中心→详细数据。

（3）直播提升建议指导：直播动态→主播中心→数据中心→详细数据→主播诊断→提升建议。

## 第三节　房地产矩阵账号的搭建

房地产矩阵账号的搭建对于获客型公司来说非常重要，这不是做不做的问题，而是如何做的问题！

做矩阵账号有三大好处：一是博成功概率，有一个号失败了还有备用账号使用；二是累加流量，一个账号有10万粉丝，10个账号就是几十万甚至上百万；三是预防主账号因平台原因被封禁。

抖音账号的矩阵模式有四种（图6-6）：

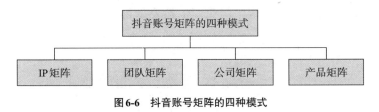

图6-6　抖音账号矩阵的四种模式

"IP矩阵"指的是基于一个IP孵化出来的多个账号，无论复制多少个账号都是以该IP为精神内核的，比如张琦老师仅在抖音平台上就有超过30个IP账号。

"团队矩阵"是一个公司或一个团队中的多个账号，通过账号定位不同而设置的不同风格或者是风格雷同的多个"微IP",我们房地产行业的"小川说房"便是如此。

"公司矩阵"一般运用于大型房地产开发企业,项目公司或城市公司基于品牌宣传或集中促销的需要单独起号,成为集团的附属号,从而实现大型矩阵的网状结构,比如"万科地产"就有数十个抖音号,一旦有大型品宣活动就会一起联动。

"产品矩阵"指的是同一个项目因产品不同导致客户定位不同而孵化出来的定位差异化的账号集群,比如一个项目里有高层、别墅、公寓等多个产品,可以根据主播的个人爱好和擅长的领域负责各自的产品账号。

从众多的成功经验以及账号打造的难度来看,获客型组织最适用的形式是"团队矩阵",因为它虽然依托于不同的人,但从不依赖于一个人,就算这个账号的主播离职或者效果不好,也不会对整个矩阵带来太多的负面影响。

**1.抖音短视频矩阵打造**

从本书前文的介绍中我们得知,"复制和对标优秀的账号"是做新媒体的捷径,那么我们做矩阵账号不是在复制和对标别人,而是在复制和对标自己,把样本账号(我们称为"0号样本")做好,再复制起来就非常容易了。

即便是如此简单的事情,但我们依然要秉持着四个思维方式去做矩阵(图6-7):

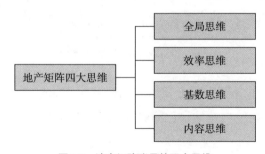

图6-7 地产矩阵账号的四大思维

"全局思维"指的是不要特别在意某一个账号的得失,注重所有矩阵账号整合的力量,选题和脚本本来就不具备普适性,但是整合在一起,裂变的速度就是几何增长的;

"效率思维"指的是能够复制"0号样本"的就去复制,根据本书介绍的"八大库"的资料去批量复制自己的内容,当然要注意进行二次创作;

"基数思维"强调要先有数量再有质量,所以我们建议前期多以"大字报"的形式去拉账号权重,然后再丰富账号的内容;

"内容思维"是矩阵账号的典型误区,很多人专注做一个或几个账号颇有建树,但一旦开始运营多个账号就显得有心无力了,其实矩阵也是需要好的内容的,所以我们强调前期做"大字报",后期权重上来了之后安安心心做口播。

那么,对于矩阵的内容我们该如何规划呢?我们提出"753模型"(表6-2):

矩阵账号内容比例建议　　　　　　　　　　　表6-2

| 账号阶段 | 内容比例 |
| --- | --- |
| 起号阶段 | 70%破播模型(拉权重)+30%钩子(卖房子) |
| 上升阶段 | 50%破播模型(拉权重)+50%钩子(卖房子) |
| 稳定阶段 | 30%破播模型(拉权重)+70%钩子(卖房子) |

另外,在矩阵内容和运营上还有一些小技巧供大家参考(图6-8):

图6-8　矩阵内容高效输出的五个技巧

1）直播切片

直播切片指的是主播在直播期间，发表某个观点或者指导某位客户时的经典语句进行剪辑，40～60秒的短视频经过简单处理便可以成为一则短视频，一场直播120分钟，剪出10段视频是非常容易的事。

2）多机位拍剪

抖音平台的查重机制虽然很严格，但是对内容相同但拍摄角度不同的视频并不视为重复，因此我们在拍摄探盘或者口播时，用不同的机位去拍摄同样的场景，则会生产不同的视频。

3）大字报

大字报本身就是极其容易创作的超短视频形式，不同角度去拍摄同一栋楼或者配上不同的文案，换上不同的背景音乐，依然不会触犯平台规则。

4）一稿多用

一稿多用指的是我们用同一个脚本，但只要脚本修改篇幅超过30%就会被允许使用，切忌粗暴地二次搬运，否则对账号伤害很大。

5）超级混剪

超级混剪是批量生产短视频的工具，可以一键生成上百个视频，但使用该工具的原理依然是有海量的视频数据库，否则依然有平台风险。

**2.抖音直播矩阵打造**

直播矩阵有两种路径，一种是"不同号、不同人"，另外一种是"同号、不同人"。前者和短视频的逻辑是一样的，重点先把"0号"样板直播间打造好，然后再复制话术、场景和流量动作；后者广泛运用于开发商群体中，换人不换号，像"北部万科城"一样形成一座日不落直播间，8个销售轮番直播，每月投流20万元左右，能带来约40套的业绩。

矩阵直播有四种高效的表现形式（图6-9）：

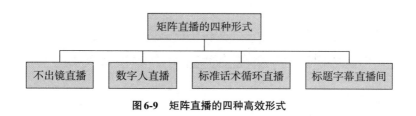

图6-9 矩阵直播的四种高效形式

不出镜直播一般指手播，主播会选择一张地图或者是项目户型图作为道具，镜头直接对着道具，主播用笔勾勾画画，此类直播简单易操作，"杭州小钢炮"就喜欢运用这样的形式，但对主播情绪的要求极高，时刻要求主播保持亢奋！

数字人直播是新兴的直播形式，但目前技术方面已经很成熟了，它是通过AI技术对人像、人声进行处理，虚拟人可以完成自动化智能互动，实现全天候在线，而且直播非常灵活，自动可以切换为真人直播，甚至连直播场景都可以随意切换。

标准话术循环直播指的是我们针对某几个选题撰写标准的直播脚本，当然一定要把暖场、拉新、留资等话术也要编辑进去，主播完全根据标准脚本进行直播，甚至录播都可以，但值得注意的是，直播间播放录播画面是有风险的，可以把真人融入直播间。

标准字幕直播间指的是运用同样的背景和选题，针对背景中自己提出的问题进行标准化的回答，如果有人在评论区提问，主播可以适当互动。

如何打造自己的"0号"样板直播间呢？

首先我们需要找到对标直播间，然后利用工具扒到该直播间的话术逐字稿，拆解该逐字稿，理解他们的话术逻辑，尤其要关注他们的几个获取流量的动作；拆解完毕之后，我们要形成"百问百答库"，让主播学习并复刻这些问题；最后就是不断地尝试，不断地创新，最终形成自己的风格。

打造完"0号"样板直播间之后，矩阵账号就开始复制自己，方法很简单，步骤更容易，难的是坚持不懈地执行和研究！

## 第四节　抖加在快速起号中的投放策略

经常会有人问：我的创作能力很强，刚起号的时候，不投抖加可以吗？

笔者回答这个问题的时候总是很谨慎：以我目前的观察来看，没有人可以做到。

在说明这个问题之前，所有的运营人员需要搞清楚抖加的五大作用（图6-10）：

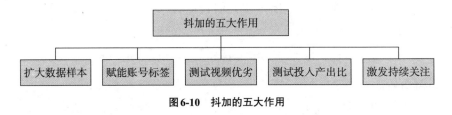

图6-10　抖加的五大作用

**1.扩大数据样本**

抖加的第一个作用就是扩大数据样本，因为一条正常的视频平台会给一些初始流量进行测试，如果数据表现不好，便不会分配第二个流量给你，但有的时候，你的视频会推送给某些你不知道的、特定的人群去观看，此时抖加的投放就给了你二次"赛马"的机会。

**2.赋能账号标签**

刚开始的账号是不会有明显的标签的，一个没有标签的账号是很难裂变的，更不要谈精准客户了，而抖加的定向投放可以让房产相关的粉丝快速关注到你，粉丝的权重提升了，那么账号的标签就形成了。

如何评判你的账号是否被打上标签了呢？有两个方法，第一，在抖音中搜索"创作灵感",如果系统给你推荐的前5个热门话题和房地产有关,那么账号就成功打上标签了;第二,点击"三条杠"进入"创作者中心",点击"全部"选择"创作实验室",打开"标记相似作者",如果出现的账号是房地产类账号,那么你的账号标签就非常精准了。

**3. 测试视频优劣**

你的视频发布出来之后,可以尝试投放小额抖加,如果视频的数据表现乏力,你可以快速隐藏或修改视频,当你把视频隐藏之后,抖加将停止消耗,不会继续产生费用。

**4. 测试投入产出比**

如果你发的某一条视频获客效果很不错,但再火爆的选题也只有三天的热度,此时你需要针对该视频投放抖加,加热视频,让它持续发挥作用,增强短视频的获客能效。

**5. 激发持续关注**

大家一定要明白一个道理:一条一千赞的视频远比一百条几个赞的视频要好得多!运用抖加加热一条爆款视频,可以继续激发粉丝的持续关注,还可以为增粉助力!

下面,我们讲述一下抖加投放策略,好的投放方式可以让我们的账号快速打上标签,并且可以实现一周之内粉丝破千的目标。

当然,抖加投放是有前提的,那就是你这个账号已经有了5～10条视频具备了成为爆款的条件,制作爆款视频并不难,按照本书第五章"心法一"的破播模型即可做到。

有了这些潜力视频之后,我们先尝试给这些视频进行初次抖加投放,然后挑选出数据最好的5条视频进行叠加投放,记住:不要"单视频投放"和

"推荐给粉丝"，要选择"批量投放"！在条件选择时，选择"点赞量"或"粉丝量"，不要考虑粉丝的年龄，但要考虑粉丝的地域，时间选择"24小时"。

抖加投放之后时刻关注消耗情况，尤其是"当前转化成本"这一项，如果发现该项低于1元钱，开启追投模式，一定要选择分期投放，不要投放太多钱，否则系统会快速消耗，当我们的投入产出比在可控范围内且新增粉丝量突破3000粉左右时，可以考虑停止投放，一般这个周期会在7～15天之间。

举例说明，渠联社在2023年3月份给"杭州老陈说房"进行投加投放建议，选择了一条"在杭州不得不接受的四个现实"进行投放，投放金额为300元（共3期），预期转化成本是0.9元，预计投放时长是18个小时，投放目标是粉丝量，自定义定向投放，性别不限、年龄不限，城市选择杭州和周边的几个城市；投放完成之后，粉丝量增长了721人。后来该账号持续发力，仅该视频点赞量就超过1.5万，评论量逾2300条，转发量逾2400多次。

## 第五节　运营团队的薪酬体系及成长路径

自2020年以来，短视频行业蓬勃发展，给传统的以公众号为代表的新媒体团队赋予了更深层次的内涵，如今的新媒体团队开始呈体系化、专业化、精细化方向发展。

"招聘难、培养更难"已经成为众多新媒体公司发展受限的主要因素，但这样的情形只是暂时的，一个新兴行业的突然崛起必将触发教育改革机制，在未来会有越来越多的人学习新媒体、从事新媒体、深耕新媒体，"人才荒"的窘境会得以缓解。

但即便如此，我们依然要在组织内部制定岗位标准，让所有人意识到自身的不足，明晰自己努力的方向，为此，笔者结合多家新媒体公司的考核条例总结了文案、拍剪和运营三个岗位的层级划分和薪资标准。

**1. 文案岗技能层级**

我们以星级来代表技能层级，星级越高代表技能层级越高，二星级为最低层级。

二星级文案：①精准的素材搜集和编写能力；②根据平台新规及时采取规避动作。

三星级文案：①根据选题方向完成文案的编写工作；②根据短视频逻辑具备一定的洗稿能力，尤其是开头和结尾的总结；③根据平台新规及时采取规避动作。

四星级文案：①具有两年以上的地产文案经验；②能独立完成具有短视频逻辑的文案撰写工作；③具备撰写爆款文案的能力；④具备抓取热点并且链接到房地产的文案撰写能力；⑤根据平台新规及时采取规避动作。

五星级文案：①具备四星级文案的五大能力；②根据实际情况调整团队文案撰写文案的方向，具备管理矩阵账号的能力；③对团队文案能力的培训与提升；④熟练掌握各大平台的文案撰写规则。

文案岗具体薪酬区间（表6-3）：

文案岗薪酬体系　　　　　　　　　　表6-3

| 文案层级 | 基础底薪（元/月） | 绩效工资（元/月） | 绩效增项 |
| --- | --- | --- | --- |
| 二星级文案 | 3000～4000 | 1000 | 获客奖励+作品数据奖励 |
| 三星级文案 | 4000～6000 | 2000～4000 | |
| 四星级文案 | 7000～9000 | 4000～5000 | |
| 五星级文案 | 10000～13000 | 4000～5000 | 管理津贴+获客奖励+作品数据奖励 |

**2. 拍剪岗技能层级**

二星级拍剪：①能完成基础的视频剪辑工作；②能完成海报制作工作。

三星级拍剪：①具备二星级拍剪的能力；②掌握相机、直播、无人机等设备的使用；③航拍VR的制作与上传；④熟练搜集和运用地产行业相关素材；⑤具有一定的审片和视频包装能力。

四星级拍剪：①具备三星级拍剪的能力；②有自己的视频剪辑逻辑和拍摄思路；③能根据短视频平台的喜好及时调整、优化设备和视频效果；④对地产文案的画面具有一定的理解能力；⑤具备根据文案进行分镜脚本的编写能力；⑥监督团队成员对素材的管理和具体的工作进度统筹。

五星级拍剪：①具备四星级拍剪的能力；②对技术部门团队协同管理及能力培训提升；③负责对视频质量、数量和风格的严格把控。

拍剪岗具体薪酬区间（表6-4）：

拍剪岗薪酬体系　　　　　　　　　　　　　　表6-4

| 拍剪层级 | 基础底薪（元/月） | 绩效工资（元/月） | 绩效增项 |
| --- | --- | --- | --- |
| 二星级拍剪 | 3000～4000 | 1000 | 获客奖励+作品数据奖励 |
| 三星级拍剪 | 4000～6000 | 2000～4000 | 获客奖励+作品数据奖励 |
| 四星级拍剪 | 7000～9000 | 4000～5000 | 获客奖励+作品数据奖励 |
| 五星级拍剪 | 10000～13000 | 4000～5000 | 管理津贴+获客奖励+作品数据奖励 |

### 3.运营岗技能层级

二星级运营：①单独负责一个账号的运营，运营经验丰富，利用自己在抖音沉淀的网感和对内容的理解可以判定内容的优劣；②具备一定的地产专业知识；③与销售沟通和及时反馈；④能独立生产符合短视频逻辑的脚本；⑤熟悉各大平台的用户画像、平台规则、风格喜好等；⑥具备一个账号从0～1的搭建能力，同时具有一定的团队协同管理能力；⑦具备用流量思维和客户思维审片的能力。

三星级运营：①具备二星级运营的能力；②可以独立完成一个账号的全域高流量运营工作；③具备产出爆款文案的能力；④具有对人设精准定

位的能力；⑤调整主播状态，让其更优表达欲和感染力；⑥具有一定的策划能力；⑦至少掌握文案、剪辑一门技能，有流量逻辑和短视频网感，能完成一个账号的内容产出和引流提升。

四星级运营：①具备三星级运营的能力；②具有私域转化和维护的能力，包括朋友圈营销、社群运营、客户答疑等；③拥有打造某个项目全链路闭合变现的经验和能力；④沉淀SOP并复制给团队，进行团队赋能，拥有带人的能力；⑤具有批量起号的能力；⑥具备持续不断的优质内容生产能力；⑦具有一定的销售能力。

五星级运营：①具备四星级运营的能力；②具有很强的销售能力；③有持续的账号创新能力；④具备持续赋能团队的能力。

运营岗具体薪酬区间（表6-5）：

运营岗薪酬体系　　　　　　　　　　　　　表6-5

| 运营层级 | 基础底薪（元/月） | 绩效工资（元/月） | 绩效增项 |
| --- | --- | --- | --- |
| 二星级运营 | 7000～8500 | 2000 | 获客奖励+佣金提成 |
| 三星级运营 | 9000～12000 | 2000 | 获客奖励+佣金提成 |
| 四星级运营 | 13000～16000 | 4000 | 获客奖励+佣金提成（管理+主播提成） |
| 五星级运营 | 16000～18000 | 5000 | 获客奖励+佣金提成（管理+主播提成）+分红 |

当我们的每一项技能都达到五星级（或部分四星级）的时候，便会成为一名合格的"流量操盘手"或"IP主理人"，每一位新媒体人的心中都应该有一座"技能金字塔"（图6-11），对标优秀，提升专业，成为新时代背景下房地产行业中不可或缺的新型人才！

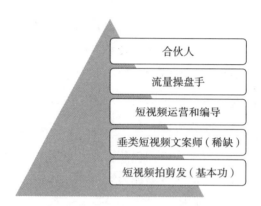

图6-11 房地产新媒体人技能金字塔

## 案例1：珠海某公司运营部门结果奖励裁定标准（表6-6）

运营部门结果奖励裁定标准　　　　　　　　　　　　　　　表6-6

| 奖励项 | 认定标准 | | | 奖励范畴 | 奖励金额 |
|---|---|---|---|---|---|
| 精准获客 | 1.获客标准：加上微信并且有具体预算的客户，认定为一个精准客户；<br>2.40个客户前无奖励，负责的账号获客>40个时，有证据可以证明客户是通过某个人加上微信进行跟进的，奖励40元/个；<br>3.直播和短视频获客者都有获客奖励 | | | 运营部所有成员 | 40元/个（负责的账号获客>40个） |
| 爆款短视频奖励（奖金池5000元/月） | | 视频数据要求（自然流量） | 获客要求（满足其一） | 爆款奖励 | 奖励分配 |
| | 小爆款 | 1.5秒完播率：>34%；<br>2.点赞率：>0.34%；<br>3.关注率：>0.09%；<br>4.播放量不得低于1万 | 1.可以长周期获客的；<br>2.自然流量上涨期间综合获客数量不得低于8个 | 500元/条 | 具体分配由运营协调后决定，以下为指导方向：<br>文案：30%~40%；<br>拍剪：10%~20%；<br>运营：30%~50% |
| | 中爆款 | 1.5秒完播率：>34%；<br>2.点赞率：>0.34%；<br>3.关注率：>0.09%；<br>4.播放量不得低于10万~30万 | 1.可以长周期获客的；<br>2.自然流量上涨期间综合获客数量不得低于24个 | 1500元/条 | |
| | 大爆款 | 1.5秒完播率：>34%；<br>2.点赞率：>0.34%；<br>3.关注率：>0.09%；<br>4.播放量不得低于30万 | 1.可以长周期获客的；<br>2.自然流量上涨期间综合获客数量不得低于40个 | 4000元/条 | |

## 案例2：珠海某公司IP负责人月度提成标准与比例（表6-7）

IP负责人提成标准与比例（月度） 表6-7

| 等级 | 精准客户数量 | 提成比例 |
| --- | --- | --- |
| 一级 | 41～60 | 10% |
| 二级 | 61～100 | 15% |
| 三级 | 101～150 | 21% |
| 四级 | 151～200 | 28% |
| 五级 | 201～250 | 36% |
| 六级 | 251～300 | 45% |
| 七级 | ＞301 | 55% |

## 案例3：珠海某公司运营管理季度提成比例（表6-8）

运营管理提成比例（季度） 表6-8

| 业绩目标（元） | 主播分段跳点（零底薪） | 运营总监（通提） | 运营主管（通提） |
| --- | --- | --- | --- |
| ＜200000 | 15% | 1% | 2% |
| 200001～400000 | 18% | 1% | 3% |
| 400001～600000 | 21% | 1% | 3% |
| 600001～1000000 | 25% | 1% | 4% |
| ＞1000000 | 25% | 1% | 5% |

# 第七章　直播间搭建及获客运营技巧

直播是线上获客的另外一个赛道，它的运营逻辑和短视频有着本质不同，短视频强调"先流量再获客"，而直播则不然，直播间的流量和获客能力与粉丝量没有正向关系，因此，超过90%的地产人选择直播获客，这对主播和运营又是一项巨大的考验！

# 基础技能

## 第一节　房产主播的基本认知

新媒体最大的魅力就是扩大了每个人的能效和影响力，使得每一个人都能拥有一方小小的阵地展示自己，据不完全统计，仅抖音平台上注册的主播账号就超过1.3亿，每天直播的账号有10万之多，这些数据不仅表明了直播的确屹立于时代的风口，还表明竞争之激烈已然形同红海，流量争夺战如火如荼。

地产人从未想过有一天会成为镜头里的主角，这是时代的选择，也是我们为了顺应时代和行业的变化而做出的改变。

然而，当我们的渠道身份或中介身份突然又增加了一个"主播"时，很多人会无所适从，甚至会从内心排斥"直播卖房"这件事，而我们的观点是：①房地产渠道有太多的拓客方式，线上获客并不是唯一的答案，强迫做自己不擅长的事情本身就是一种内耗；②主播最主要的是有"播感"，这种感觉大部分是与生俱来的，后天很难培养，但就算你没有"播感"，直播的形式也有很多，大家不妨一试，或许能够挖掘出你自己都不知道的潜力。

对于房产主播，有8个最基本的认知需要清楚：

**1. 直播的目的不是卖房子，而是获取客资**

直播卖房的确是一个伪命题，房子是一种特殊的商品，是需要经过反复比较和体验才能形成购买决策的产品，不可能像快消品电商一样上了链接就能产生交易。

高水平的IP型博主在直播间卖的是人设，比如"大胡子说房"和"地产酵母"等，大家对其品牌形象不仅熟知，更是上升到信任的地步，就算场景一般、话术一般也不太会影响客户认知；中阶主播卖的是排他的服务和专业，他们基本属于"微IP"型，比如"小崔总严选好房产"主打的就是服务理念；低阶主播卖的是价格，喜欢通过低价去吸引客户，众多中介朋友就喜欢这样的模式。

无论是什么样的模式，获取有效客资才是硬道理，只不过我们业内提出"做不返佣的新媒体账号"这个目标时，低阶主播会显得很吃力，因为客户与他们的黏性不强，因此，笔者建议大家向中阶主播迈进。

**2. 直播最大的价值是主播的情绪价值**

在前文我们提到一个等式：好的直播=主播的情绪价值+运营的综合价值！

"运营的综合价值"则包括场景营造、话术结构、数据复盘等多个运营维度，但主播的情绪价值永远是排第一位的。

什么是情绪价值？这包括了直播的精神状态、观点的表达、立场的站位等，我们从未见过一位萎靡不振的主播能做好直播的。有些主播对直播非常抗拒，因为每天车轱辘话说个不停，但是大家要知道，房产直播间的平均在线停留只有1.5分钟，或许你讲了一遍又一遍，但是对于客户来说是第一次听，唯有保持好的状态才能感染到客户。

**3. 20%的时间在直播，80%的时间在选品**

主播的确是一份辛苦的工作，是对脑力和体力的双重考验，我们认为真正考验主播的不是在直播间，而是在线下选品阶段。

但凡是知名的带货主播，都会花费大量的时间去考察产品，甚至会试用产品，房产主播也不例外。下播后，我们应该多跑跑市场，了解区域或板块内发生了哪些利好，了解各个项目推出了哪些新产品，价格的浮动情况，销售情况等，做足了这些功夫，我们才能在直播间里游刃有余。

当我们直播几个月之后，直播的场观人数会明显增加，评论区里各种各样的问题接踵而来，如果你承接不住这些问题，那就是对流量的浪费。

**4. 复制别人不可耻，但要形成自己的风格**

本书我们反复提到，如果你不会做新媒体，那就去借鉴别人。做直播也是一样，没有人生来就会落落大方地面对镜头，我们一定要学会去复制成功者的经验。

直播间起势无非就是四个阶段（图7-1）：

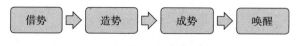

图7-1 直播间起势的四个阶段

"借势"指的是学习成功者的逻辑，甚至要把对方的直播形成逐字稿，分析他们为什么这么说，直播间峰值的时候他们做了什么；"造势"指的是把对方的成功经验融入自己的直播间里，然后再进行数据的对比；"成势"指的是形成自己的风格，把话术和相关动作形成一种肌肉记忆；"唤醒"则是让自己成为强者，别人都在望其项背，而你已经推陈出新！

### 5. 直播间引流不仅仅有抖加，还有很多方式

直播间投抖加是一个不错的引流方式，相关技巧已在本章第六节与大家详述。但是我们一定要知道的是，直播间引流一共有7种方式（图7-2）：

**图7-2 直播间流量的7种来源**

直播推荐指的是抖音根据直播间的权重有选择地把实时画面推荐到feed流，客户刷抖音时偶尔会出现直播间实时页面，直接点击屏幕就可以进入直播间；关注页是一个可以集中看到用户关注创作者发布视频的页面，关注你的用户或粉丝团成员在你开播时会收到抖音的推送；直播广场在抖音顶部的"关注"界面中，同样是受权重影响会被后台推荐；同城页位于抖音顶部的"城市"界面中，客户开启抖音和定位之后，同城的用户会优先收到直播推送；抖音消息指的是向粉丝群或者定向粉丝推送直播间卡片，引导客户观看。

### 6. 直播话术没有那么难，要学会把真诚融入套路

有些主播常常会把场观人数过低的原因归咎于自己的话术不够好，或许话术的确是一个原因，但我们最重要的是要把情感融入话术中，现在很多

购房者都是二次乃至三次置业者,他们被市场教育了很多次,把主播的套路看得很明白,与其过多地使用套路,不如真实一点、真诚一点、接地气一点,让客户感知到你的用心。

**7. 没有一招制胜的直播套路,只有不懈的尝试**

网络上充斥着各种教学视频,讲述了很多方法,很多主播也的确在用心学习,但笔者想说的是,套路和话术学而不用等同于徒劳,我们常常会因为在线人数只有个位数而苦恼,但既然想做获客型主播,你必须坚持下去,坚持两个月你会发现略有提升,坚持四个月会有不少客资,坚持六个月就会形成质与量的双重飞跃。

**8. 一个客户有几十个人盯着,你的必胜法宝是真诚的服务**

做直播之前,每个主播和运营都应该思考清楚一个问题:追着客户要卖房子的人这么多,为什么客户会选择我?

客户缺信息吗?不缺,任何一个中介经纪人都会告诉他海量的信息。客户缺砍价的技巧吗?不缺,大部分客户都能找到熟悉的人去砍价。那么,客户缺什么?

客户缺的是在这个物欲横流社会中的真诚相待!我们会给客户提供专业的、符合客户需求的置业方案吗?你提供的房源安全吗?客户签了合同之后,你的服务结束了吗?记住,主播输出的任何信息都必须是真实的,提供的购房建议都必须是专业且真诚的!

## 第二节 获客型直播间场景的搭建

在一方小小的直播间里,一切都是营销道具,为停留客户、留取客资服务，因此场景的营造是每一位主播和运营必须掌握的知识点。

合格的直播间场景需要且必须具备四大要素（图7-3）：

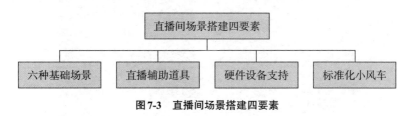

图7-3　直播间场景搭建四要素

**1. 六种基础场景**

地产直播间要比快消品直播间丰富得多，总体来说可以分为坐播和走播两种形式，但坐播又分为绿幕直播、真实场景直播和沙盘直播三种，走播分为第一人称走播、第三人称走播和超级流量点站播三种。

对于众多非房企型主播来说，最常用的是绿幕直播，因为绿幕能展示更多的主题和信息，如可以放置板块房价地图、直播主题、户型图等，甚至还可以播放已经剪辑好的视频。

当然，还有一种不用绿幕但也可以添加直播主题的形式，一般用于"强IP"型主播，直播期间只讲几个话题，用纯干货吸引客户，我们熟知的"娜聊房产""大胡子说房"等均采用这种形式（图7-4）。

开发商直播一般会采用三种基础场景，分别为：真实场景（带钩子）的坐播、示范区或样板间的走播、沙盘区或区位图前的坐播。后两种场景比较简单，我们主要讲一讲带钩子场景的坐播。

什么是"钩子"？实际上就是客户的购买痛点，也是主播向客户想表达的核心卖点，客户无须听太多，仅通过钩子的设置就能很快获悉项目的优势。

我们把手机当作的一幅画面，建议用50%的版面设置钩子，一般钩子文字设计3～5行，将项目名称、核心配套、直播特惠等信息设计成一个画面并且置顶；再用25%左右的空间放置主播的人像；最下面的25%用于放

图7-4 "娜聊房产"直播间（左）；"大胡子说房"直播间（右）

置福利道具和小风车曝光处。

**2.直播辅助道具**

直播间用到的辅助道具只有两种：礼品和手持展板。

我们强烈建议将此次直播间拟送出去的礼品展示在镜头范围之内，在礼品选择方面，不建议大家选择带有项目logo的礼品，更不建议大家让客户到售楼处领取礼品，这样只会给大家带来不好的体验。顺便说一下，一旦主播公布了今天要送出去的礼品，一定要有抽奖动作，如果客户举报，系统会给予处罚。

如果你用的不是绿幕直播，那么手持展板是重要的销售道具，如配套图、效果图、户型图、销售政策等均可以做成简易KT板，不过有一个细节需要注意：主播手持展板的时候不要遮住自己的脸，否则会给客户一种无人直播的错觉。

### 3.硬件设备支持

收音、拍摄、灯光及网络四种设备为直播必备项,每一项缺失都会影响到直播的观感和体验。

简易直播间需要的设备和注意事项我们用一张表格表示(表7-1):

简易直播间所需设备及注意事项　　　　　　表7-1

| 功能 | 设备 | 注意事项 |
| --- | --- | --- |
| 收音 | 麦克风 | (1)主播和助播须佩戴麦克风;(2)收音设置降低环境音;(3)麦克风需要提前测试;(4)走播过程中需要保持稳定 |
| 拍摄 | 手机+稳定器 | (1)后置摄像头直播;(2)走播时需要配置稳定器 |
| 灯光 | 补光灯 | 坐播时必须调试灯光,保持直播间画面明亮,主播的顶光和面光需要明亮自然 |
| 网络 | 独立Wi-Fi | (1)使用售楼处宽带直播需要独立配置并保证网速;(2)走播时必须随身配置独立Wi-Fi,并保证上行速度 |

除上图所提及的设备之外,还有一些小型辅助设备需要准备好,如桌面三脚架、热靴支架转接头、手机兔笼、手机兔笼蓝牙手柄、相机热靴金属手机夹等。

### 4.标准化小风车

小风车是直播间最重要的获客工具,没有它的存在,直播也便没有了意义,我们需要对小风车的封面和落地页认真对待。

90%以上的直播间喜欢用"惊喜特惠""预约福利"等字样作为钩子去吸引客户留资,其实这是远远不够的,小风车一定要具备三种功能:①钩子强化展示;②客户待遇强化;③促进留资热情。

因此我们的建议是:①钩子放置在落地页的最上方,以"预约特惠"为主题,同时以"一对一服务""线上专属折扣""福利好礼派送"等作为副标题;②填写"服务特色",如专车接送、10年选房师专业服务、专属特惠房源等；③在落地页下方，用图片的形式把服务特色或内容形象地展示出来，以提升客户留资的意愿。

## 第三节 直播间话术结构与话术解析

有很多做过直播的朋友一定有切身的感受，做直播的前三个月直播间里人数的峰值基本不会超过30人，随着时间的增加，6个月左右时峰值会在80～100之间。如果你还没有达到这个数字，一定要从三方面找问题：①账号权重不足，前期买粉或者互粉行为伤害账号；②投流没有掌握好方法；③主播的话术或表现力出了问题。本节将就直播间的话术问题进行深入探讨。

话术的目的是拉升直播间权重，以便获得更多的流量和客户留资，本书第六章第一节提到：有5个数据可以拉升直播间的权重（表7-2）：

直播间5个数据及对应的话术　　　　　　　　表7-2

| 序号 | 数据名称 | 对应动作 | 对应话术 |
| --- | --- | --- | --- |
| 1 | 进入权重 | 点击/进入 | 拉新话术 |
| 2 | 停留权重 | 平均停留 | 停留话术+拉新话术 |
| 3 | 转粉权重 | 加粉/灯牌 | 转粉话术 |
| 4 | 互动权重 | 点赞/评论 | 互动话术+引导评论 |
| 5 | 转化权重 | 小风车 | 转化话术 |

### 1.直播话术的内容分配

大家在早高峰的时候一定听过广播，在短短的60分钟内，主播用了20%的时间念广告和整点半点报时，10%的时间讲路况，10%的时间引导大家关注微信或微博，10%的时间唠唠家常，剩下50%的时间才去讲准备好的文稿。

其实我们房产主播应该向广播主播好好学习这一套路，通过表7-2我们知道，"如何让观众和主播互动"是直播间的第一任务，只要互动得好，点赞、评论、停留都不再是问题，有了这些做基础，转粉和转化是自然而然的事情了。

根据我们两年多的直播经验，我们建议大家在直播间按照如下比例进行话术分配（图7-5）：

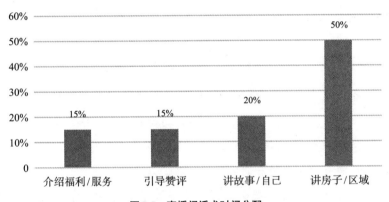

图7-5　直播间话术时间分配

我们建议大家用15%的时间介绍直播间的福利或者你能提供的服务，这部分属于停留话术、引导话术和转化话术；用15%的时间创造机会让大家和你互动，点赞、评论，这属于停留话术；用20%的时间讲讲最近市场上发生了哪些故事，购房者的故事甚至是自己的故事，告诉大家自己的干什么的，这部分属于停留话术和拉新话术；然后再用50%的时间讲区域和房子，这部分属于转化话术。

**2.直播间各类话术梳理**

为了便于将各类话术体系化地呈现在各位读者脑海里，笔者将直播间话术总体分为两大类：基础性话术和功能性话术。

基础性话术可以理解为为了增强直播间人气和转化的话术，可以分为暖场话术、停留话术、互动话术、转粉话术和转化话术五种类别。

功能性话术可以理解为与房地产专业相关的话术，主要解决的是"我是谁""我能给你带来什么"的问题。对于很多大V和分销中介主播来说，板块分析、政策解读、地产新闻、涨跌趋势、项目粉丝、交易故事等都属于该类别；对于开发商来说，品牌、配套、户型、学区、特价房、限时优惠、置业故事等也属此类。

1）基础性话术举例

开场：暖场、拉新、互动、转粉

第一段：

欢迎各位家人来到我的直播间！刚刚开播啊，来朋友们，大家把屏幕中的小心心点起来，老粉给我扣一波1，新粉扣一波2！我是××，是苏州本地的房地产主播，做房地产已经16年了，对苏州房地产市场非常了解，同时也很荣幸帮助很多朋友们买到了心仪的房子。

一会儿我在直播间里带大家看一套苏州非常便宜而且超级漂亮的小别墅，我敢说直播间里的朋友们都能买得起，想看的朋友们扣一波1。你们之前不是总想让我给大家推荐带院子还得便宜的房子吗？成sir终于帮你找到了，大家只需要等待一小会儿，马上就能惊艳到你！

想看的朋友们给成sir加一波关注，上点关注下点赞，关注成sir不迷路！感谢朋友们，成sir今天和大家一样心情很好，所以我决定先发一波福袋，关注的朋友们就可以领取了！

第二段：

来，家人们，我们是××项目的线上直播，新进直播间的家人们一定要停留在直播间10分钟，直播刚刚开始，为什么要停留10分钟呢？因为待会儿我们每隔10分钟会发一波小福利，有早餐机、大幅的鼠标垫，还有小米吸尘器，每隔10分钟送一个，家人们千万不要错过。

咱们虽然是卖房子的直播间,但是只要您刷到我的直播间就是缘分,我们送个见面礼交个朋友,无论你是否想买房,都可以领取福利。新进直播间的朋友们先在左上角点个关注,领取福袋,有条件的粉丝们点亮个灯牌,我们直播间每隔10分钟发一次福利,大家可以边听边领福利,包你今天满载而归!

第三段:

我是地产酵母小孟总,15年根正苗红地产人,前十强房企营销总,操盘项目几百亿,这15年就做了三件事:卖房、看房、买房。新房二手房海外还是国内甲方或者乙方,我全都懂,也是抖音头部百万大V,每天都会分享不同的房产知识,希望可以更多普通家庭打开认知,帮你花少钱买好房。

停留话术:

今天带大家看的是位于苏州太湖边的房子,上下四层,带一个至少60平方米的院子,喜欢的家人可以打个喜欢,点赞不要停啊!这个房子真的是特别便宜,我敢说大家都能买得起。我以主播的名声担保,房源绝对真实可靠!

点赞到10000,我马上就公布价格,放心,我绝对不会让你们失望!

来各位,左上角福袋还没有领的朋友抓紧领了,没加关注的左上角点个关注加个灯牌。来,点赞还剩下2000了,大家抓紧动动小手,马上公布价格……

转化话术:

第一段:

如果你喜欢这个房子或者想买房图个安心省钱的,可以点我下放正在转动的四色小风车预约看房,今天所有直播间的朋友享受我的专属粉丝折扣!

第二段:

这位说我房源是假的大哥,你可以点击我下发的小风车去留资,我的助理会马上联系你带你看房,我就在现场等着你!而且我们有专车去接你!

你到现场看看,我说的到底是真的还是假的。

2) 功能性话术举例

政策性话题:

大家知道降息会带来什么吗?其实利率是分析房价的重要指标之一,大家千万不要信GDP、人口、收入和房价有什么关系,根据这几十年的经验我们发现,利率和房价成反比关系,利率上升,房价下降;利息下降,房价上涨!大家听懂了吗?如果你听懂了可以扣1。目前大部分城市的房贷利率是4.2%左右,几乎达到了历史最低水平,所以啊,房价势必会有一定幅度的上涨,我们三四线城市可能会晚一点,最多半年大家就会感知到了。

流通性话题:来自"娜聊房产"

三四五线城市的房价从1万降到了几千块,我能不能去买?记住了,三四五线城市我送给大家一句话:它不是涨跌的问题,而是流通性的问题。三四五线城市我再强调一遍,不具备任何的流通性,不具备任何的包容度,人均套数已经达到了2.5~3套了,每个人都有房子。而且今年包括未来3~5年,大型中字头房企会陆续撤出三四五线城市。

户型话题:

大家可以看看这套房子,110个平方米,但是我们做了一个大横厅,足足5.6米,我敢说这是市面上110平方米以下所有户型中唯一带大横厅的户型,这个厅大到什么程度,来,我带了滑板鞋,给大家展示一下……来,大家可以看一下这个飘窗,深度达到了1米,很多客户过来看都说这不是窗户,简直是一个单人床,怎么样喜不喜欢?下面主播想带大家找几个专门给女孩子设计的功能区,大家想不想看?想看的请扣个"想看"两个字,我给大家揭晓……

购房故事:

前几天主播接待了一个购房团,是我们项目旁边的科技公司的员工,我心想着,怎么有人愿意跟领导住在一起啊,要是我,我才不乐意!结果呢，来的好几个都是博士学历，而且本身就是公司管理层，根本不存在什么领导和员工。主播这下有福了，因为我给自己留的房子就在他们楼下，以后孩子有啥不会的直接敲个门就行了……

以上只是列举了几个案例，直播的优秀脚本太多了，其实大家只要多参加直播，多讲一讲，"播感"自然而然就产生了，没有什么比"自然"更好的技巧了。

直播话术没有轻重之分，因为基础性话术负责引流和成交，功能性话术负责诠释你的专业，都可以为最终的留资和成交赋能，笔者建议你在做直播的前期可以撰写一些基础性话术，然后在讲功能性话术的时候，多站在客户的角度上去说，多用形象化的语言去说，最终一定可以成功！

### 3.直播话术的时间分配

直播间时间如何安排，这本是仁者见仁智者见智的事，熟练的主播基本上会将流程烂熟于心，无需刻意地受制于直播脚本，但对于很多新人主播来说，一版规范性的意见书可以帮助大家少走弯路。

以下是一份适用于开发商直播间的直播话术流程（图7-6）：

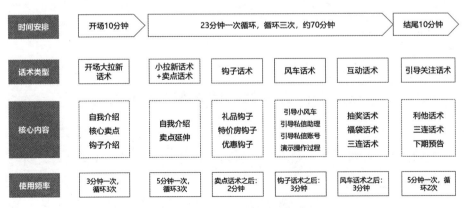

图7-6 直播间主播话术安排与流程

我们以一场时长为90分钟的直播为例，首尾各10分钟，中间的70分钟应该是多种话术的循环和叠加。

90分钟≈开场10分钟+（小拉新与卖点话术5分钟+小拉新与卖点话术5分钟+小拉新与卖点话术5分钟+钩子话术2分钟+风车话术3分钟+互动话术3分钟）×3+结尾10分钟

为什么各种话术一定要循环呢？上文我们已经提到，客户停留直播间的时间平均只有1.5分钟，我们自以为是循环说话，但对客户来说是新鲜的，这对主播的精神状态是一项巨大考验。

开场的8～10分钟直播间内人数不多，我们需要用大拉新话术让更多的用户参与到直播间内，通过介绍钩子、引导点赞等形式拉权重；10分钟后，直播间人气逐步上升，我们需要在介绍产品的同时，用钩子引导留资，用话术引导互动，福袋、抽奖全程挂在直播间都不为过；结束前10分钟，无须用过多的语言话别，而是继续引导大家关注，说明此次直播间特价房源的有效期限，在人气还在高点时结束直播，这对下一场直播的数据更加有利。

虽然图7-6显示的是开发商直播间的流程和时间安排，但是对于分销中介主播也具有很强的参考意义，可以把其中的"卖点话术"更换为板块分析或客户答疑；如果时间不限于90分钟，只要将中间70分钟的话术多循环几次即可。

## 第四节　直播间的留人与互动技巧

直播间留人和互动是相辅相成的两项任务，把这两个数据做好，对直播间权重的拉升起到至关重要作用。

## 1. 直播间留人的9种方法

在思考直播间留人之前，我们尝试置身于看电视节目的情境中，我们为什么对真人秀节目情有独钟？原因有四：第一，明星走下神坛，做一些普通人平时做的事情，或者迎接某一项挑战，这是抓住了客户的猎奇心理；第二，真人秀一般都会选择在具有标识性的城市或者景点，大多都是风景秀丽的地方，这是镜头给观众展示的场景发挥的作用；第三，真人秀节目里内容非常丰富，除了竞赛之外，还有情感、矛盾、八卦等情节，给观众带来了跌宕起伏的情绪价值；第四，真人秀节目中常常会带有微博互动环节，让观众有很强的参与感。

读懂了真人秀，我们就懂得直播间了，我们总结了9种直播间留人的方法，供大家参考（图7-7）：

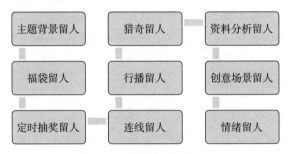

图7-7　直播间留人的9种方法

以上9种留人方法中"福袋留人""定时抽奖留人""行播留人""猎奇留人""连线留人"都比较简单，这里不再赘述，我们重点讲剩下的4种。

1）主题背景留人

拟定3～5个客户关注的主题，作为直播间背景，主题一定要直戳客户的痛点，比如"娜聊房产"的6个主题为："老家买房＝跳坑""顶楼14楼18楼能不能买""这类房产不抛＝垃圾""买这九个城市＝躺赢""买错开发商＝血本无归""下半年买房是机会还是坑"，"地产酵母"的主题有"同城房价还会涨吗""首付××万可以买××吗?""刚需买房6个坑""年终买房怎么找开发商要优惠?"

2) 资料分析留人

在直播间不一定要"干说",可以拿一些不错的户型或者日照分析图等资料分享给大家,也可以分析各个板块的情况。

3) 创意场景留人

有很多主播已经不甘于坐在直播间了,而是在一些有热度的场景里去直播,比如2023年电视剧《狂飙》很火,有人就拿着《孙子兵法》坐在鱼档里直播;还有的朋友创意十足,搞了个"摆摊卖房",在线峰值人数数百人。创意场景可以弥补主播话术上的不足,增加客户逗留时间。

4) 情绪留人

情绪留人法非常考验主播的表现力,两种极端的情绪比较容易呈现,一种是幽默,另一种是犀利。其实犀利并不难,只要做好自己就行,该喷的开发商或者项目就客观地说,客户很喜欢保持自我的主播。

**2. 直播间促赞评的技巧**

把人留下之后,下一步就是互动,促进点赞和评论就是在给直播间做数据,点赞和评论这两个数据只要一起来,直播间就成功了大半。我们为大家总结了6种促赞评的方法(图7-8):

图7-8 直播间促赞评的6种方法

1) 福利促赞评

顾名思义,就是通过发放福利促进大家点赞。话术也很简单,如:来,家人们,我们一起来点点赞,点到5000个赞,主播给大家上福利!

对于成本较低的福袋或礼品,笔者建议直播全程发放;但我们依然建议每次直播要准备一些价值略高的礼品,可以定在半点或者整点抽奖,也可以根据直播间点赞数量抽奖。

2)干货促赞评

该种方法适用于大V号,预告大家主播马上就会讲一些干货了,比如释放此次推出的三套特价房,释放某一套房源的秒杀价格,释放大家期待已久的话题。如:来,现在区域讲完了,我们来讲讲刚需好不好?来,今年想在三四五线城市给家人买房子的朋友们,把666扣起来,现在才是干货,我再说一遍,现在才是干货!再如:五分钟一个干货,瞬间教会你如何买对房,少走弯路,我曾经也和你们一样,我非常理解大家第一次买房的心情,我把我这么多年的经验总结给你,提升认知比帮你决策更重要。

3)资料促赞评

提前准备一些有价值的资料,如买房地图、限购政策、买房小课堂等,在送给大家之前先跟大家互动一波。如:我们精心打造了50节购房小课程,如果你想要,请在公屏上打"想要"两个字。

笔者最欣赏的"南京红哥探房"直播间就经常用这样的形式(图7-9),通过赠送提前准备好的"买房避坑指南"引导大家点赞和评论。

4)cue人促赞评

两种情况下要cue人,一种是新进直播间的人,另外一种是在直播间留言并且能和你共鸣的人。如:我们的老朋友唐先生来了,他是我们的忠实粉丝,欢迎他,今天唐先生有什么想咨询的吗?

5)话题促赞评

一般三种话题会促进客户的点赞,第一种是能够讲到客户心里的话,比如抨击黑心开发商、心疼刚需人群等;第二种是能够帮客户解决问题的话,比如告诉客户哪些学区房是名不副实的,哪些倒挂盘是假的;第三种

图7-9 "南京红哥探房"直播间

是让客户选择他们想听的话题,如果直播间公屏上有些客户咨询差不多类型的问题,你可以提出点赞、加粉等要求。

6) 才艺促赞评

该种方法适用于长期做直播的主播,主播在过往的直播中已经给客户某些特定的印象,比如唱歌特别好听、舞姿特别优美,抑或是会简单的魔术。客户看到你在直播时,公屏中会纷纷要求你展示一段才艺,此时你便可以提出赞评要求;甚至你以前直播时会带上一只猫而今天故意没带,客户提出疑问时,你同样可以提出赞评要求。类似这样的互动,不仅有助于直播间拉权重,还丰满了主播的人设,是一件两全其美的事。

## 第五节 直播间的留资技巧

我们所做的一切都是为了留资!

当然，留资不仅是主播的事，还牵涉到运营的方向性建议。我们大多数人不可能在短期内达到大V的水平，靠IP就可以赢得信赖；在起号的一年之内，除了做类似于地图直播间之外，还需要做一些热门的、强获客型的专场直播。

**1.直播间专场推介**

专场推介的流量可能没有地图直播间那么大，但是客户会相对精准，根据经验，我们总结了8种强获客型专场直播（图7-10）：

图7-10　强获客型专场直播

1）工抵房和特价房专场

无论是工抵房还是特价房，噱头的意义要大于成交意义，如果是分销中介型主播，我们需要有大量的选品工作，并且充分与开发商沟通，以较低的价格拿到几套类似的房源。

值得注意的是，在选品过程中最好覆盖到全市的几个热门板块，这样直播间的流量就不会流失。

2）学区房和地铁房专场

学区房和地铁房往往都是热门项目，本身就自带流量；我们需要充分了解距离学校或者地铁较近的几个楼盘，千万不能贪多，多了就显得不真实了；如果这些房子的价格有超高的性价比，成交的概率会更大。

3）节假日优惠专场和女性购房专场

在楼市下行期，每逢节假日开发商都会推出一系列的特惠活动，我们需要提前拿到相关优惠政策和房源信息，整理成表格，分析项目的利弊，挑选性价比较高的项目进行专项推介。

4）大甩卖专场

有两种情况项目会大甩卖，一种是项目进入尾盘阶段，只剩下几十套房源；另外一种则是开发商急于资金回笼而采取的降价策略，一般这种情况折扣力度会非常大，而且销售情况会立竿见影，此时我们切不可错失市场流量。

5）热门板块专场

如果一个板块有了重大利好，便很快在媒体的炒作下成为热门板块，如某学校落户、隧道或地铁开通、大型商业开街、重大会议举办等，都会直接影响到板块房价的上升。我们需要立刻整理该板块的楼盘资料，推出板块专场直播，当然，如果采用走播的形式效果更佳！

**2.直播间引导留资的技巧**

正如前文我们说道：留资不仅是主播的事，同时也是运营的事，更是公司战略层面的事。获客型媒体公司其本质是营销公司，而不是媒体公司，只不过我们多了新媒体这个工具而已，所以全公司都应该树立"以成交为导向"的企业文化，所有的运营动作皆为成交，这与传统的代理公司无异！

归纳下来，直播间留资一共有8个技巧（图7-11）：

图7-11　直播间留资的8个技巧

1）服务留资法

这就是公司战略问题，你如何在众多直播间里脱颖而出？我们认为无论是知名大V还是中介公司抑或是开发商，都应该以服务为导向。

比如"极致家好房"提出的SVIP客户的服务细则：①两次飞机或高铁接送服务；②提供专业验房师协助验房；③一次私厨上门服务；④一次家庭保洁服务；⑤一次暖气疏通服务；⑥一次油烟机清洗服务；⑦两次城市跑腿服务；⑧生日当天精致高端水果礼盒一份；⑨生日宴或寿宴或满月宴创意布展服务一次；⑩定制周边游一次；⑪价值一千元的高端洗衣服务。

2）故作神秘留资法

故作神秘的话术也很简单，只有一句话：抖音限制很多，直播间里不方便多，你点一下小风车，我下了播之后联系你。虽然简单的一句话，但是能起到很好的留资效果。

3）资料领取留资法

以免费的资料或服务为诱饵，让客户点击小风车。这与前文讲的"资料促赞评"很相像，比如提前录制一些线上课程，放置在荔枝网课上，优先让留资客户享用这些课程。除了课程之外，还可以设置一些轻资产礼包。

4）"新增粉丝"联系法

在直播过程中的新增粉丝要么是同行，要么是想买房子的客户，所以当直播结束之后，一定要主动联系新粉丝，在站内发送私信，然后引导到私域来。

5）优先特权留资法

该方法适用于一些大V号或专家号，在直播过程中，客户对你非常信赖，你没有办法回答所有的问题，这个时候你可以向大家提要求：转粉的人优先回答他的问题或者留资的人优先回答问题。

6）狂CUE留资法

当直播过程中有客户问你一些项目情况、价格情况、折扣体系等问题，那么他的购房意向就非常明显了，此时，你可以暂时放弃其他客户，不断地cue他，他只要不反感大概率会留资。

7)"蜻蜓点水"留资法

有很多主播非常敬业,把客户咨询的问题非常的专业且彻底,正中那些想"白嫖"人的下怀,所以我们讲项目的时候一定要浅尝辄止,否则客户不会留资,而是根据你的意见自行去售楼处或者寻找他人意见。

8)专属优惠留资法

这种方法用得也很频繁,对于博主来说,本次只卖这个板块的三套房子,或者和开发商谈一下,要一些专属的特惠,比如价值6万的家电礼包;对于开发商来说,本次只推出三套特价房,且这些房源只允许开发商内部销售。

## 第六节 直播间运营与数据复盘

如果说主播的作用是通过公域流量获取客资,那么运营的作用则是将客资转化为私域,为后期的成交迈出坚实的一步。

运营岗在客资获取方面有三大模块的工作(图7-12):

图7-12 客资获取的三大模块工作

**1. 公屏信息维护**

在直播过程中,运营是要全程参与的,需要落实三大标准化动作:

(1)及时回复公屏的消息:问题回复的时候需要@提问人,回复的字数最好不要超过20个字。

(2)及时提醒主播回答问题:当公屏刷得比较快的时候,主播往往会忽略一些有意向客户的提问,运营需要及时提醒主播;如果该问题主播也回答不上来，两个人需要有一定的默契，运营抓紧上网获取相关信息，并且私信给主播；

对于提问的人我们要时刻保持高度关注，这些人被转化的可能性极高，此时，运营最好第一时间私信他，推送标准话术，争取互关。

（3）推送标准引导性文案：当数据略有下滑或者公屏上有冷场的迹象时，运营以管理员的身份推送点赞或关注的文字信息，并且配合主播推送相关钩子话术，引导客户留资。

**2. 客户线索跟进**

直播之后，小风车中留下的客资大概率是有效客资，运营需要做的事情就是第一时间录入管理系统，做好相关归属权登记，并且按照公司的管理规定分配给选房师。

但还有两种客资不能忽略：一种是直播过程中的客户私信，另外一种是"新增粉丝"，务必要继续跟进，对于没有互关的客户，可以发送三条私信（蓝V号、助播号、主播号），互关之后发送留电话术，争取获得有效客资。

**3. 客户线索跟进**

直播结束之后，运营的核心工作就是进行数据复盘，复盘的数据来源皆来自抖音后台，运营人员需要查询"直播单场数据"中的"详细数据"，查询"关键片段回放分析"，更需要查询直播数据大盘中的30余项数据，对主播的表现进行客观分析，为下一场直播提出整改意见。

直播数据中有6个核心数据，代表了主播的综合表现，我们最好以表格的形式予以考核，让主播充分了解自身不足（表7-3）。

另外，运营还需要看得懂直播数据大盘，并且读懂每个数据背后的逻辑，为了更好地说明此问题，我们以某场直播间的数据为例（图7-13）：

直播考核的6个核心数据　　　　　　　　　表7-3

| 考核维度 | 考核数据 | 考核标准 | | |
| --- | --- | --- | --- | --- |
| 录屏飞书 | 分享链接 | 链接是否上传、声音是否同步、时长是否达标 | | |
| 核心数据 | 直播时长 | 90分钟 | 120分钟 | 180分钟 |
| | | 合格 | 良好 | 优秀 |
| | 直播场次 | 5场/周 | 6场/周 | 7场/周 |
| | | 合格 | 良好 | 优秀 |
| | 场观人数 | 400人 | 1000人 | 2000人 |
| | | 合格 | 良好 | 优秀 |
| | 人均停留时长 | 90秒 | 120秒 | 180秒 |
| | | 合格 | 良好 | 优秀 |
| | 点击进入率 | 15% | 20% | 25% |
| | | 合格 | 良好 | 优秀 |
| | 客资量 | 1个 | 3个 | 5个 |
| | | 合格 | 良好 | 优秀 |

图7-13　某场地产直播间的数据大盘

数据大盘一共显示了34个数据，我们关注的重点数据是其中的8个：人均观看时长、曝光进入率、互动率、关注率、线索工具转化率、线索转化率、线索成本和流量趋势图。

人均观看时长该图显示的是"2分57秒",一般来说这个数据达到"2分"就算优秀了,说明主播的话术和相关道具运用得当。

曝光进入率指的是直播进入人数/曝光人数,该比例是8.8%,属于很优秀的范围,有一定的提升空间。想提升曝光进入率一般从三个方面入手:场景营造约占60%~70%的比重,主播的状态占20%左右,展示的道具、字幕、插件等约占10%~20%比例。

互动率是7.28%,一般主播的互动率会在7%左右,很显然,该主播在与客户的互动方面表现极其优异。

关注率指的是涨粉量/直播进入人数,该直播涨粉了19人,直播进入人数是1017人,关注率达到1.87%,这也是不错的成绩,一般关注率在1.5%算是优秀。

线索工具转化率其实就是点击小风车和讲解卡的人数比例,公式是"线索工具点击人数/直播进入人数",该直播是15.38%,也有一定的提升空间,在引导客户的话术上可以加强。

线索转化率指的是全场景线索人数/直播进入人数,该直播获得了2个客资,属于平均水平,加上线索转化率只有0.2%,这个数据略低,可以在小风车的落地页和话术引导上再进行完善。

线索成本是总投入/总客资,该直播共花费了36.43元投流,单个线索成本仅18元/个,进入了优秀的行列。

流量趋势图中重点看自然流量的波峰和波谷,对照录屏,查看当时主播的话术和相应的营销动作,查找波峰和波谷的具体原因。

**4.直播间抖加投放策略**

直播间投流一共有三种途径:抖加、本地推和巨量广告。抖加更适合用来测试直播的各种数据,从而调整直播时间、直播场景、主播话术等,一般一场直播的投放金额在100~200元之间;本地推对于快消品的作用更大，不建议使用；巨量广告是精准投流的一种方式，但预算要充足，且经营者要有一定的底气，我们一般建议把直播间的模型跑通之后再选择巨量广告。

直播间抖加投放的总原则：如果主播相对弱，就投短视频，通过短视频进行引流；如果主播相对强，就直接投直播间。

抖加投放目标，优先选择"小风车点击"，其次是"直播间人气"，其他不建议投放；一定要设置地域定向投放，比如城市、年龄和性别，或者投放"达人类似"；

直播前通过抖加对引流视频进行预热，预热时间不得少于2小时，开播之后投放时间设定为30分钟和1小时，时间太长没有意义。

我们用一张表格进行说明（表7-4）：

直播间抖加投放策略　　　　　　　　　　表7-4

| 直播阶段 | 投放内容 | 投放时间 | 投放时长 | 投放区域 | 投放目的 |
| --- | --- | --- | --- | --- | --- |
| 直播前 | 引流视频 | 直播前12小时 | 12小时 | 根据账号定位设定覆盖区域 | 直播预热 |
|  |  | 直播前2小时 | 2小时 |  |  |
| 直播中 | 直播间热场 | 开播30分钟内 | 30分钟和60分钟 |  | 快速引流 |
|  | 直播间客资 | 开播1小时内 | 30分钟和60分钟 |  | 提升留资 |

# 进阶技能

## 第一节 心法一：开发商如何组建高效直播团队？

目前开发商做新媒体成功的例子不多，直播成功的更少，原因何在？管理者从意识上非常重视新媒体，为线上获客创造了良好的生存土壤；资金问题更是开发商的优势……据笔者观察，主要是两个问题约束了开发商的手脚，一是人力资源的分配问题，二是开发商缺少正确的方法论和工具。

要知道，开发商虽然重视新媒体，但很少会组建专门的新媒体部门，往往是要求项目上的渠道或销售兼职去做，工作上"加量不加价"导致大家的工作积极性并不高。

所以，我们在本书前文一直在倡导新媒体战略必须由集团制定、区域公司监督、项目公司实施，集团和区域赋能项目，尽量让大家每天在新媒体的内容输出上少占时间。

短视频领域的确可以通过内容中台去解决，但是直播间则需要大家把其当作是日常工作的一部分才行，毕竟，直播间几乎每天都会花费两到三个小时才有可能成功！

**1. 开发商直播间的人员配置**

我们建议开发商直播间的人员采用"1+3"模式，即1名管理人员和3名实施者。

这位管理人员最好是项目操盘手，他不需要懂流量，甚至不需要懂如何线上获客，但是一定要懂直播间的规则，看得懂直播间的数据，懂得制定一套激励和奖惩制度。

"3名实施者"分别是运营一名、主播一名和助播一名。

运营的工作职责是：①负责直播间的主题策划和场景搭建；②负责主播话术框架的搭建；③负责在直播前和主播一起准备相关素材；④负责商业投流；⑤负责直播后数据的整理和搜集；⑥负责不断迭代新的直播形式。

主播的工作职责是：①熟练掌握各类直播话术并灵活运用；②配合运营对主题、场景、福利、道具等进行调整和完善；③负责获取客资。

助播的工作职责是：①直播期间配合主播完成各项基本操作；②负责回复公屏；③负责回复私信；④主播不在时代替主播的工作。

**2.开发商直播团队的帮带机制**

开发商管理层很多时候会有"人才流失"的危机感，生怕培养起来的主播跳槽，其实开发商做的账号是非IP型账号，主播离职对账号的影响微乎其微。

为了解决这个问题，同时为培养团队打好基础，可以采用"1+2人小组+2人小组"的模式（图7-14）：

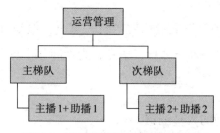

图7-14 开发商直播团队帮带组织架构

在这样的小型组织架构中，运营是团队的第一负责人，这样做的目的其实是在有意培养运营人员，将其培养成为优秀的流量操盘手。

主梯队和次梯队不是层级上的不同，而是工作量不同，直播的时候可以两位主播同时出镜，在潜移默化中让次梯队的两位员工也得以提升。

通过这样的帮带机制，我们形成了"0号"样板直播间，下一步就可以按照这个模式去无限复制，让每一位渠道和销售人员都能够成为主播，具备线上获客的能力！

在帮带的过程中，运营也走上了流量操盘手的历练之路，未来项目成为矩阵的时候，运营已经跑通了1～2个账号和直播间，具备了管理矩阵的能力（图7-15）：

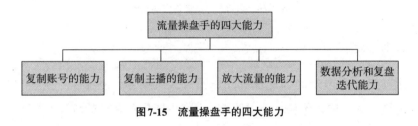

图7-15　流量操盘手的四大能力

流量操盘手培养起来之后，不管把他派到任何城市、任何项目均可以游刃有余地构建新媒体阵地，为项目线上获客带来极大的赋能效应。

## 第二节　心法二：直播间有哪些不为人知的营销套路？

开发商做直播有的时候无话可说，这与开发商的推盘逻辑有很大关系，非开发商型博主是"以客推盘"，只要获取了客资，原则上可以推给全市的任何项目；而开发商则是"以盘推客"，靠着自己旗下的一个或几个项目产生素材，唯有对项目和项目所在板块感兴趣的客户才会留下客资。

首先笔者想消除开发商的一个认知误区：不要和分销中介博主去比直播间流量，因为你受到的限制太多，一场直播最高在线40～50人已经算是很优秀了,除非你的直播间剑走偏锋!

那么,开发商的直播间应该说什么,话术中暗藏着哪些营销套路呢?我们总结如下(图7-16):

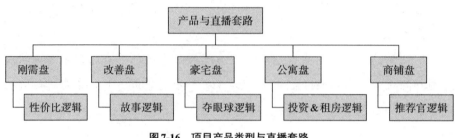

图7-16 项目产品类型与直播套路

### 1. 刚需盘

刚需盘永远遵循的都是性价比逻辑,众所周知,刚需客户对价格的敏感度是最高的,项目价格比竞品高5%都有可能导致客户的流失。

我们依然发现有一些营销管理层思想古板,生怕释放价格会影响公司或项目品牌,但我们要明白一件事情:客户在直播间里的时间也就2~3分钟,没太多的时间听你讲品质逻辑,而且他们并没有把品质放在首位。我们是卖房子的直播间,不是品宣直播间,刚需盘必须将价格优势作为主力话术!

### 2. 改善盘

从过往的经验出发,改善客户的成交率是最高的,且成交周期最短,因为他们在购房认知上不需要我们花费唇舌去教育,他们在看项目的时候指向性更强,更重要的原因是,提高预算比刚需客户更加容易。

改善盘直播间最好从项目外围的最大优势讲起,比如一线江景、与公园为邻等,要知道改善客户深知资源价值要远大于房子本身;在讲述社区内部时,要学会"以点概面",重点讲突出社区价值点,比如超大楼间距、稀缺的洋房、大面积的露台、宽度90厘米的飘窗、众多的博士客群等,讲述的时候不要生硬地介绍产品本身，可以多讲背后的故事，比如设计师当初为什么这么做、某一线演员的家也是这样的设计、某电视剧里的桥段与客厅场景非常类似、已购客户对此评价等。

改善盘直播间里也需要价格的促动，可以以"集团领导非常重视直播，特批直播间的粉丝可以拿到这样的折扣"为话术，加速改善客户的留资。

### 3. 豪宅盘

首先我们需要有一个认知：豪宅客户几乎不会通过直播间买房子，甚至不会通过抖音买房子。但有时我们还必须去做，因为新媒体是目前降低推广费的重要手段之一。

豪宅直播间吸引的并不是高端客户，反倒是购买力不足的客户，他们进直播间主要是出于猎奇心态，想看看这个城市中豪宅到底长什么样子，甚至有窥探富人隐私的心理。

豪宅直播间要想出圈，一定采取的是博眼球逻辑，主播建议选择高颜值女生，场景越稀缺越好！抖音上有一个名为"润和滨江湾"的账号，项目位于长沙滨江新城，产品是260平方米起的商业大平层，该账号无论是短视频还是直播间都选用美女出镜，直播间人气很高，当然，评论区中关心房子的人很少。

### 4. 公寓盘

公寓盘的客群大致可以分为两类：投资客和过渡客。但无论是什么样的客户，购买公寓基本上是冲着良好的地理位置去的，所以直播间里要反复强调公寓所在位置的优越性。

对于投资客来说，什么才能构建其投资信心呢？海量的租房客群！因此，我们在直播间要把项目周边三公里范围内的写字楼、商场、创业园等展示到位，并且对周边同类型产品的租金进行说明。

对于过渡客户，我们使用的是租房逻辑，通过首付、月供与租金进行横向对比，向客户传达"租不如买"的理念。同时，为了增加直播间的趣味性，可以增加一些年轻人喜欢的元素，如游戏、宠物、阅读等。

**5.商铺盘**

在直播间里卖商铺也是可能的，但是不建议以项目为背书去推荐商铺，否则流量极差。笔者建议把主播包装成"好铺推荐官"，跟客户分析全市商铺的价值和投资逻辑，再有精力的话，编写一本"商铺白皮书"作为钩子，引导客户领取这本书，这样可以成功地把客户从公域平台引入私域，后面就是程式化的跟进和服务。

我们在某些直播间发现了"快消品套路"，主播以特价房限时抢购为噱头增加客户的紧迫感，这种套路很容易被客户一眼识破，而且抖音平台根本就不是一个卖房子的地方，再冲动的客户在面对上百万的房子时也会保持冷静。

还是本书反复强调的观点：唯有真诚和服务才能得到客户的信赖，套路只是有限的加分项，恶意的、虚假的套路反而是减分项！

# 第八章　线上获客系统打造与成交闭环

线上获客是系统化工程，抖音、小红书等只是其中一个模块而已，也许对于执行层面来说，玩转抖音的确提升了拓客效率，但是对于管理层面来说，线上获客系统的打造才是营销的终极目标！不谋万世者，不足谋一时；不谋全局者，不足谋一域。谋全局者，方成大事！

## 第一节　房企线上获客生态系统打造

流量主要分公域流量和私域流量两种，狭隘的私域流量一般特指以微信为主要平台的产品总和，那么公域流量包括哪些呢？本书重点讲的抖音属于公域流量，那么小红书、微博、哔哩哔哩呢？安居客、房天下、幸福里呢？百度、搜狗搜索、360搜索呢？当地的房地产小程序呢？

对于开发商来说，只有把线上公域流量、线下客户线索全部整合起来，形成一张立体式的流量网络，这才是真正的线上获客生态系统（图8-1）：

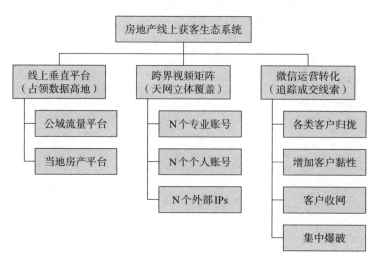

图8-1　完整的房地产线上获客生态系统

### 1. 布局线上垂直平台

房地产线上垂直平台很多，我们可以根据该平台所在的城市分站运营情况去布局和采买，比如安居客、房天下、百度等在每个城市发展得很均衡，我们在把免费的功能用到极致的情况下，再去考虑深度合作。以百度为首的搜索投放可以起到很好的截流和数据抓取功能，也可以纳入考虑范畴。

以上提及的都是全国性平台，还有的地方性平台做得也不错，比如成都购房通、上海真有好房及其城市分站等，他们可能没有庞大的数据，但是客群都在本市，也值得我们去布局和运营。

我们以安居客为例，其平台上就有很多免费的流量，关键看我们平时是否有这个意识和标准化动作去运营：

（1）争排名：项目人气榜单、项目价格榜单、置业顾问服务榜单等，力争进入城市或区域前三名；

（2）争好文：把经过精心打磨的项目软文发送至平台（价格驱动），力争进入城市或区域前三名；

（3）抢积分：每天按时打卡领取积分，打开积分宝箱，积分商场里有任务要第一时间完成；

（4）抢回电：用抢回电特权券争取更多的与客户联系的权限。

如果运营之后效果一般，那就请策划部与之建立合作关系，尽量通过较低的成本获取到更多的流量和线索。

### 2. 构建跨界视频矩阵

跨界视频矩阵指的是公司内部、外部整合起来的全媒体流量阵地。房企可以以城市公司或项目公司的蓝V号作为主账号，并且号召内部员工在抖音、视频号、哔哩哔哩、腾讯视频、小红书、快手等视频平台开启账号，在公司的统一管理下运营矩阵账号。

在各大视频平台上,有很多所谓的"大V"和"小V",我们还可以与他们建立合作关系,借助他们的流量达到宣传项目、促进销售的目的。

关于对以上平台的布局,我们的建议是(表8-1):

房企不同层级布局不同的平台　　　　　　　　　表8-1

| 层级 | 抖音 | 小红书 | 哔哩哔哩 | 新浪微博 | 视频号 |
| --- | --- | --- | --- | --- | --- |
| 第一层级:公司 | √ | √ | √ | √ | √ |
| 第二层级:项目 | √ |  |  | √ | √ |
| 第三层级:个人 | √ | √ |  |  | √ |
| 外部网红合作 | √ |  |  |  | √ |

城市公司为什么要布局哔哩哔哩,"B站"是以长视频见长的,每个项目如果有销冠讲沙盘、外部网红探盘等长视频还是很适合发布在"B站"的;城市公司和项目公司布局视频号的主要原因是:一、品牌宣传的需要;二、公司统一安排的特惠活动进行宣传,也可以用视频号联合直播。

个人号开启视频号的作用不是上传自己的生活视频,而是把对拓客、转化有用的短视频发布在自己的视频号里,便于转发给客户。

**3. 微信运营转化**

大家首先思考一个问题:传统的全民营销、圈层营销、老带新、中介整合等渠道模式的本质是什么?

服务!

如果没有我们日常的情感维护,关键人、业主、中介等人凭什么会介绍客户给我们?

那么,新问题来了:在新媒体时代的今天,线上获客的本质又是什么?

依然是服务!

因为线上的客户总是要转化为线下,我们只有在追访中提供服务,才能建立客户黏性，客户才更容易成交。

时代虽然变了，但营销的本质和精神内核没有改变！

为了让获取的客户能够得到有效的维护，我们需要将线上、线下所有的客户建立成私域库，以便统一运营、促进成交（图8-2）：

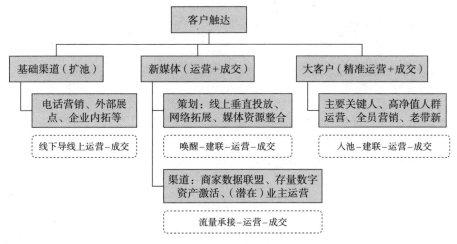

图8-2　三种传统拓客途径带来的数字化资产

传统的拓客渠道依然保留，它不存在客资的索要问题，因为传统渠道成功的第一步就是获得了客户的联系方式，我们只要将其导入线上运营池即可。

在新媒体方面，无论是策划部承担的广告投放和资源整合，还是渠道部承担的数据库营销，都需要承接流量或唤醒流量，然后再导入线上运营池。

在大客户圈层拓客方面，我们获取的精准流量，在不断的接触中得到客户的联系方式，也很容易进入线上运营池。

那么，线上运营池该怎么构建呢？其实很简单，为了数字化资产不轻易流失，我们建议通过微信企业号与客户建立联系，通过标准化的运营手段接触客户（图8-3），打造一个全新的客储池！

大家试想一下，如果1个微信号有5000人，那么10个微信号就有5万人，这个私域流量的威力是巨大的，值得我们悉心呵护，这也是众多专家说

图8-3 微信的标准化运营动作

的"流量看公域、成交靠私域"。

为了让大家更好地理解图8-3中的内容,笔者特意编写了一个口诀给大家:

多对一服务专享化、日常互动标准化、每周一次小爆破、直播开放常态化、线下诱惑多频化。

多对一服务专享化:不要建立大群,而是要建立小群,由多个人服务1位客户,解决客户的各种疑问,相当于一个问题解决团队。

日常互动标准化:对于潜在客户的追踪要及时,不定期有一些维护动作:如天气提醒、工程节点、优惠活动、客户生日、公司司庆等。

每周一次小爆破:设定粉丝福利日,公司采购一些暖心小礼品,但不能随意发放,对那些裂变项目信息的客户予以一定的奖励。

直播开放常态化:越是大额商品越要增加客户的粘合度,多次开直播,可以增加客户对项目的关注度,通过多次磨合形成最终成交。

线下诱惑多样化:获取了客户线索之后,可以以活动邀约、专家面谈、定制家宴、定制生日会、外部资源嫁接等多种形式争取与客户见面。

**4.新渠道人才的培养**

不知道大家是否意识到：传统渠道其实没有消亡，只不过穿上了数字化的外衣，以一种全新的方式展现在我们面前！

传统的派单模式已经演变成直播了，以前我们每天可以发200份单页，但是我们现在通过直播2个小时就能使受众面达到2000人以上；传统的电话营销讲究的是海量寻客，博概率，而我们现在通过信息找回技术或SEO可以获得更精准的客户电话；以前我们去竞品拦截，而现在我们可以通过搜索投放获取关注竞品的客户信息；以前我们会做小区驻点巡展，而现在我们通过抖音或微信的定投可以覆盖该片区的客户；以前我们常常会发朋友圈贴片广告，但现在我们用"大字报"来解决问题……

一切都没有变，变得是呈现方式，而我们作为新时期的渠道骨干，理应将数字化刻入骨髓。我们构建了新渠道人才的三角模型（图8-4）：

图8-4 新渠道人才的三角模型

在渠道获客方面，要懂得如何将线下渠道精细化，懂得运用各类线上平台获取客户线索；在策划方面，要懂得内容的产出逻辑，还要知道如何承接来自线上和线下的海量数据；在销售方面要具有运营思维，懂得对客户进行有效转化。

或许有一天,渠道、策划、销售之间的界限会越来越模糊,房地产行业的发展不允许分工如此精细,唯有懂得流量、运用流量、转化流量才能在行业中立于不败之地!

## 第二节 分销商的线上与线下成交闭环

分销中介型新媒体公司经过近三年的洗礼愈加成熟了,市面上形成了四大流派:以极致家为代表的服务导向型公司、以济南老尹为代表的平台导向型公司、以南京红哥为代表的专业导向的公司和以大胡子说房为代表的专业导向的公司。

无论是哪种流派,形成成交闭环才是硬道理,那么,对于尚未形成风格的中小型分销商该如何实现成交闭环呢?

为此,我们特意绘制了线上获客成交闭环图(图8-5),读懂了这张图,那么闭环也就简单了。

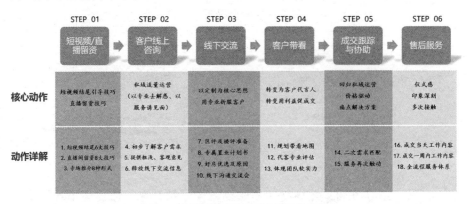

图8-5 分销商线上获客成交闭环流程图

从线上获取到客资到成交闭环,一共分为六大步骤(18个细节),分别为线上留资、客户线上咨询、线下交流、带看客户、成交跟踪与协助和售后服务。

其中第一个步骤本书已经在第五章和第七章有过详细表述，这里就不再重复，本节我们重点讲讲后面的五个步骤。

**1. 客户线上咨询**

1）初步了解客户需求

客户需求的获取是选房师的第一项工作，为了不增加客户的负担，同时降低沟通成本，笔者建议做一个电子版的"客户需求调查表"，问题控制在15个左右，只让客户做选择题。在设计问题的时候，要从客户的五大需求入手（图8-6）：

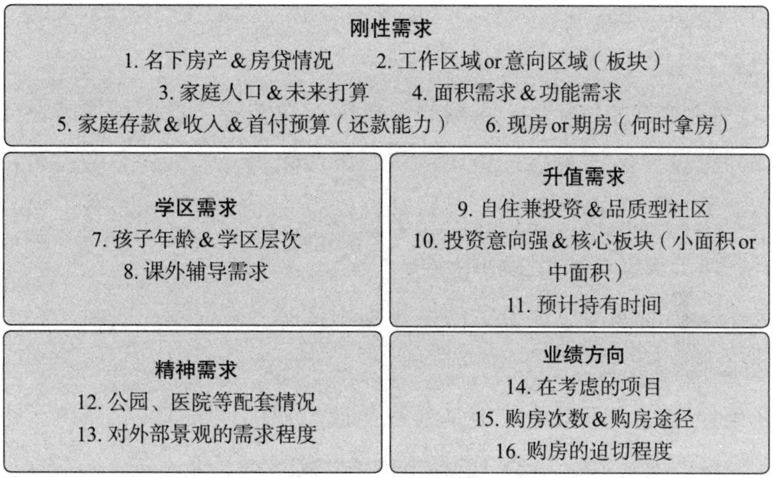

图8-6 客户需求模型

2）提供粗浅、客观建议

收到客户需求表之后，不要着急为客户匹配房源，而是先问问客户目前关注的项目，如果他们意向项目存在风险，一定要如实相告。

为了能够争取与客户线下的交流机会，我们需要介绍资深的选房老师给客户认识，如果客户还有犹豫，可以释放有诚意的优惠或特价房源给客户。

在客户考虑是否要线下见面的过程中,我们日常可以发送一些惊喜房源、促销活动等宣传海报给到客户,增加线下交流的概率。

3)引导线下交流

为了体现专业性和团队优势,最好邀请客户到办公室交流,当然,上门拜访可以了解客户的真实购买实力,二者皆可。

重磅引荐资历较深的老师担任选房师,提升客户到访意愿;客户最怕到访没有意义,一定要突出"利益相关性",比如开发商保留房源,房源和客户的匹配程度;最后需要给客户一个"找我的理由",是优惠不一样?还是房源不一样?抑或是服务不一样?

**2.线下交流**

1)区评与楼评准备

客户到访之前,需要从我们的资料库中找到客户意向板块和意向项目的区评和楼评,区评包括:板块价格、板块分析、学区房分布及价格、地铁房分布及价格;楼评包括:项目基础信息、产品及对应价格、项目价值点、项目购买逻辑、项目不利因素等。

这些资料能够用图片表示的尽量不用文字,客户看了一目了然,而且便于选房师讲解。

在楼评中有一个很重要但是最容易被忽视的一项是"项目购买逻辑",因为现在每个项目地缘性客户已经很少了,跨区域置业占据大多数比例,客户为什么会买这个项目?他们不担心交通问题吗?他们看中了这个项目哪些优点?这些问题都需要选房师提前知晓,并且转化为客户语言去传达。

2)定制置业计划

这一步是非常关键的一步,也是客户能够认可你的核心动作:定制置业计划书!

置业计划书主要包括:服务承诺、客户需求描述、置业板块建议、置业项目建议、具体户型建议和资金需求规划。

计划书内推荐的板块和项目均不要超过2个，如果超过2个说明选房师对自己的专业不够自信，而且客户也不希望有太多的干扰项。

定制置业计划书最珍贵的是"定制"，不仅需要选房师充分了解客户需求，更需要我们在撰写计划书的时候体现出定制的用心，比如笔者曾经在"客户需求描述"方面摒弃了传统写法，而是采用更加柔性和幽默的文字：

_____先生/女士，苏州本地人，芳龄____，正处于事业上升期，目前在苏州____区上班，是一位人见人羡的高级白领，对生活品质存有很高的追求。

一家____口，其乐融融，小公主/小王子在上_____，未来孩子上学将是全家面临的首要任务。除此之外，和蔼可亲的父母还和他们居住在一起，儿孙绕膝，是一个幸福美满的三代家庭。

_____先生/女士，原产地江苏_____，新苏州人，目前事业有成，受人尊敬，目前在苏州____区任高级管理职务，在苏州已经有一套住房了，已经是人生赢家的他不满足现状，要给家人更好的居住环境。

一家____口，其乐融融，小公主/小王子已经在上_____了，虽然不考虑学区，但鉴于投资增值问题，依然会把学区纳入考虑范围。夫人是一位难得的贤内助，酷爱厨房，喜欢花园这样有情趣的地方；丈夫喜欢学贯古今，古籍众多，善于思考，必须要有一方书房空间。为了享受天伦之乐，老人会常来居住，所以必须给老人保留一个舒适的空间。

_____先生/女士，原产地江苏_____，在苏州生活了____年了，目前坐拥三套房产，富甲天下。酷爱不动产投资的他，有着高度的市场敏感度，由于限购的原因，商业性质的不动产将是第一选择。他/她极具投资眼光，一般的商业项目很难入其法眼。

3）优选最佳房源

根据我们的经验：50%的刚需客户在下定之后，一周内会后悔；20%左右的改善客户在下定之后，一周内后悔。但我们要坚信：他们不是对我们失望，而是被我们的竞争对手洗脑。所以我们宁愿在前期把工作做精做细，为客户提供更加合适、更符合客户预算的房源。

4）线下交流推介

线下交流一般是两种形式，一种是一对一接待咨询，另外一种是同时邀约好几组客户同时接待。一对一模式的优点是客户的房源匹配程度较高，一对多模式的优点是客户对选房师的权威性更加信服。

**3. 客户带看**

1）规划带看地图

首次线下交流之后，下一步就是客户带看，在带看之前，一定要规划好看房路线，带看路线尽量规划配套密集区或板块亮点，不要把你的首推项目放在行程的首和尾。

在带看的路上，时刻和客户保持高频沟通，尤其是位置比较远的项目，要多讲区域的利好政策，当然适当地、客观地评价区域的缺点也是可以的。

2）代客专业评估

进入售楼处之前，当然要按照开发商的规则进行报备。我建议选房师提前和指定的置业顾问沟通好，把客户的详细情况告知置业顾问，剔除置业顾问与客户的无效沟通。

在置业顾问接待过程中，我们可以把重点复述给客户，如果有小小的"拆台"行为也是可以的，比如把项目到周边配套的真实距离告知客户，项目周边有一些不利因素等，这种"拆台"行为不会引起大家的不适，反倒会更加赢得客户信任。

客户看完项目之后，要帮助客户作六项专业评估（图8-7）：

## 第八章 线上获客系统打造与成交闭环

图 8-7 选房师代客评估的六个方向

板块评估指的是板块目前发展、未来供应量、均价趋势等；项目优势评估包括配套（学区、商业、地铁）、业主结构、产品特色、物业特色等；项目劣势评估包括噪声影响、日照情况、主干道、周边不利配套等；开发商风险评估包括开发商品牌实力、在售项目、交付项目口播、是否存在交付风险等；户型评估指的是各种户型优缺点、得房率、户型主要卖点等；价格评估包括板块内的地价（竞品地价、未来新拍土地地价预估）、竞品价格、周边二手房挂牌情况等。

3）团队软性实力

在客户进入售楼处过程中，要刻意地安排一些能够体现你的团队软实力的桥段，比如引荐销售经理或营销总监给客户认识，让置业顾问重点说某些特殊优惠或优质房源是专门为你的粉丝准备的，甚至可以选择之前缴纳定金的客户来签约的日子带看新客户，新客户肯定是为你赋能的（图8-8）。

**4. 成交跟踪与协助**

1）二次需求匹配

首次带看大概率不会成交，回到公司之后填写客户跟踪表，自此之后再次转为线上沟通。但这次沟通和第一次完全不一样了，选房师一定要找到

图 8-8 彰显团队软实力的三种方式

客户不购买的深层次原因。我们通过对数百位客户的了解，总结了四种导致客户犹豫不决的痛点（图 8-9）：

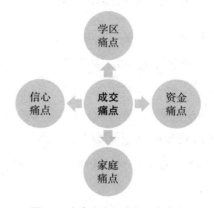

图 8-9 客户犹豫不决的四大痛点

2）服务再次触动

找到了客户对应的痛点之后，我们希望通过服务二次触动客户的购买兴趣，一般会采用六种方法：

（1）提供资金筹措服务；

（2）政府权威背书：把区域利好的政府文件找到，巩固客户对区域和市场的信心；

（3）价格优惠触动：把竞品的成交价格告诉客户，拉升客户的价格预期；

（4）二次线下服务：此次最好是上门拜访，把项目情况告知客户的家人，赢得了家人的支持后容易触发购买决策；

(5)成交案例输送：把成交的客户拍成视频，让客户为你背书，再把视频发送给正在犹豫的客户；

(6)开发商销控配合：如果客户离开售楼处达到10天以上，不建议再推介此房源。

**5.售后服务**

1)成交当天工作

客户缴纳定金的当天一定要做三件事：第一，帮助客户解释订单或合同条款，提示相关风险；第二，送上一束鲜花或果篮，最好请客户出镜拍摄一段采访视频；第三，赠送客户权益卡，该卡约定未来客户能够免费享受到什么权益，这种权益卡意味着我们的服务才刚刚开始，也意味着我们开始启动老带新工作。

2)成交一周工作

客户成交一周后，也需要做三件事：第一，手写一封不少于2000字的感谢信，把购房过程采用生动幽默的语言手写出来；第二，为客户的房源建立档案，时刻关注房子的进展，并且定期推送给客户；第三，建立客户专属服务群，客户对房子或服务有任何疑问均可以在群里沟通。

3)全流程服务体系

服务体系是公司战略问题，应该由股东亲自建立和管理，因为这将是公司未来发展的核心竞争力。

完整的售后服务体系一共有7项内容(图8-10)：

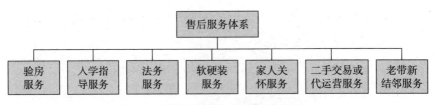

图8-10 分销型新媒体公司的售后服务体系

**案例：山东博观宅行的六大服务体系**

1.房屋交房以后的验房服务

（1）精装修验房108项；

（2）毛坯房验房58项。

验房师团队简介：×××。

2.济南小初高入学、转学等指导

（1）指标生、统招生、推荐生、特长招生、奥赛招生等全面指导；

（2）济南八大私立名校详细介绍以及入学指导；

（3）外地转学、济南本地转学全面指导；

（4）平行志愿填报免费辅导。

教育指导团队简介：×××。

3.法务团队终身服务

包括不限于此次购房以及这一辈子所有法律相关免费咨询。

法务团队简介：×××。

4.济南房产领域终身指导服务

（1）房屋的继承、析产免费咨询指导；

（2）国内公证、国外公证免费咨询指导；

（3）婚姻财产分割免费咨询指导；

（4）房地产赠予、过户免费咨询指导；

（5）房屋出售出租免费帮忙签合同和法务介入；

（6）二手房出售时候，公司新媒体部门协助策划，以便快速出售等。

5.交房后的室内布局指导

（1）根据家庭成员的数据进行房屋布局摆设指导；

（2）深层次需求将协助引荐老师。

布局指导老师团队简介：×××。

6.终身免费协助外地客户在济南免费打理房产

（1）房屋出租，您可以不来，我们代表您签合同；

（2）在济南房屋维修、换锁等跑腿服务；

（3）房屋出租时出现的漏水、电路维修等免费跑腿服务。

# 后记

现在是2023年6月15日凌晨1点18分，这本书终于完成了！

为了写这本书，我筹备了两年有余：记得2020年，我对以抖音为代表的短视频平台还不够了解，但行业巨大的变革促使我作出改变，不但开始学习短视频，更躬身入局创办了一家短视频公司，也孵化了很多账号。在亲身实践了两年多之后，在好友李春明的鼓励下，我们用一周时间构思提纲，寻找素材，再用一个多月时间奋笔疾书，于是便有了这本书。

在写作过程中，得到了很多业内友人和大咖的帮助，地产试毒学院创始人于景焘先生为本书的直播章节贡献斐然，凌晨时分还和我们通电话，力求把最前沿、最有效的直播方法论有条理地写进书里；来自珠海的地产IP流量操盘手田冉女士在运营和文案方面为我们提供了大量实操性案例，而且这些案例都是经过市场验证有效的。

在此，我对二位的帮助表示感谢，更加感谢你们为行业无私的奉献！

在案例引用方面，书里节选了地产酵母、南京红哥探房、泉哥说房产、大胡子说房、房老张、真探眉姐（常州）、苏绪柒、虎哥说车、增增探盘、济南房探、娜聊房产、魔都大阳姐、康康说房、N小黑财经、早安说房、山东博观宅行等账号或机构的内容，限于篇幅，未能一一注明，在此深表谢意。

感谢出版社的封毅老师和毕凤鸣老师，自2013年因出版《豪宅营销的66个细节》而相识，10年以来，我在老师的帮助和指导下出版了五部房地产营销专著，实乃人生一大幸事！

最后感谢一下我的读者们,感谢你们一直以来都以宽容的心态支持我,我无以为报,唯有以严苛的态度写好每一篇文章和每一部书,不辜负大家的期待,不辜负这个变革的时代!

唐安蔚<br>2023 年 6 月 15 日于苏州